LAS DOCE LUNAS

Natalia Porro

LAS DOCE LUNAS

TU MUNDO EMOCIONAL A TRAVÉS DE TU SIGNO LUNAR

KEPLER

Argentina – Chile – Colombia – España
Estados Unidos – México – Perú – Uruguay

1.ª edición Enero 2024

Plaza de los Reyes Magos, 8, piso 1.° C y D – 28007 Madrid
www.edicionesurano.com

ISBN: 978-84-16344-89-5

Depósito legal: M-31.035-2023

Impreso por: LIBERDÚPLEX
Ctra. BV 2249 km 7,4 – Polígono Industrial Torrentfondo
08791 Sant Llorenç d'Hortons (Barcelona)

Impreso en España – *Printed in Spain*

A mis tres amores,
Gastón, Gonzalo y Lorenzo,
los tres con Luna en Sagitario,
por enseñarme con optimismo
que todo es posible, siempre.

♈ ♉ ♊ ♋ ♌ ♍

♎ ♏ ♐ ♑ ♒ ♓

www.amabook.es/lasdocelunas

Escanea el código QR para acceder al calendario lunar por fases y signos, la *playlist* y todo el material extra de LAS DOCE LUNAS.

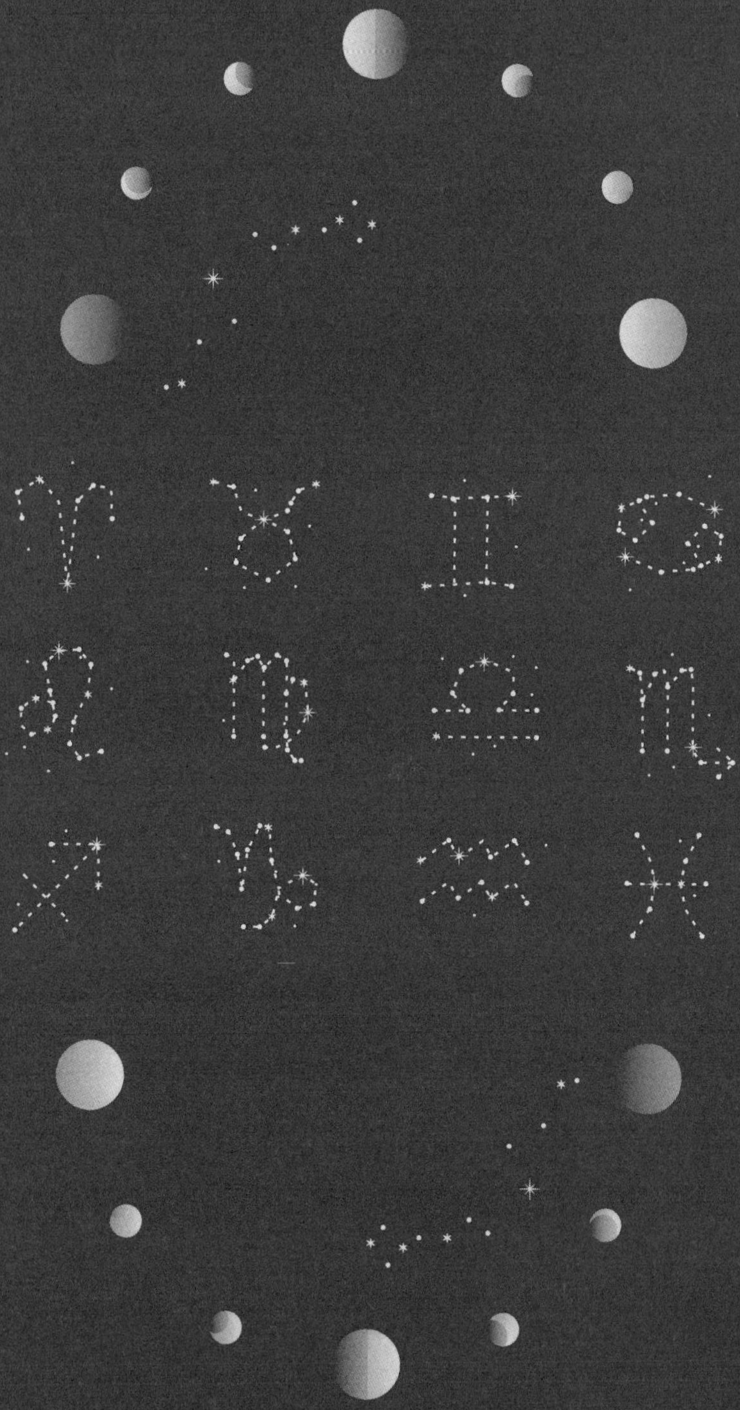

*«La Luna, como una flor
en el alto arco del cielo,
con deleite silencioso, se
instala y sonríe en la noche».*

WILLIAM BLAKE

INTRODUCCIÓN

La Luna es el único satélite natural de la Tierra. Carece de agua y de atmósfera y gira sobre sí misma, lo que genera una fuerza de atracción sobre la Tierra. Este satélite no emite luz propia, sino que brilla porque refleja la luz que recibe del Sol.

La Luna representa una energía femenina, a diferencia del Sol, que tiene una figura masculina, negativa, fría y húmeda. Transita por todos los signos en el lapso de veintiocho días, aproximadamente, y permanece un poco más de dos días en cada uno de ellos.

A nivel astrológico representa a la madre o a la figura cuidadora que haya ejercido ese rol, además de a las mujeres importantes que estén en nuestra vida. También se relaciona con la familia, el hogar, los bienes inmuebles, todo lo acuoso, como lagos, ríos, mares, océano e incluso los animales que habitan esos lugares.

En astrología mundana, la Luna representa al pueblo, a las masas y al público en general.

Los ritos, los hábitos y la magia están representados por la Luna. También el apego por el pasado, por los recuerdos, la historia y los antecedentes familiares. Asimismo representa al árbol genealógico de cada persona.

Por otro lado, la Luna usualmente está enlazada a la infancia, por ser el período más dependiente y pasivo de la vida; se dice que gobierna, fundamentalmente, los primeros siete años de vida. Es la dueña de nuestros sentimientos y emociones, la imaginación, la receptividad, la memoria y las reacciones. Transmite calidez, afecto, comprensión y alimento. Afecta al estado de ánimo e impacta en los patrones del sueño.

El carácter lunar es cambiante, inestable y muy influenciable. Simboliza lo inconsciente, la fertilidad, el crecimiento: todo lo que es cíclico y fluctuante. Por lo tanto, el signo en el cual se encuentre esta luminaria reflejará todo proceso de mutabilidad y renovación. Representa lo cotidiano, lo movible y lo transitorio.

La energía lunar también está ligada a todo proceso de gestación y de parto. Por este motivo, el ciclo menstrual (*mensis* en latín significa «mes») de la mujer es de la misma cantidad de días que un ciclo lunar, de veintiocho días. En realidad, la Luna tarda 27 días, 7 horas y 43 minutos en orbitar alrededor de la Tierra, pero como la Tierra y la Luna giran alrededor del Sol a diferentes velocidades, la Luna tarda efectivamente 29 días, 12 horas, 44 minutos y 28 segundos en completar una órbita de la Tierra, de Luna nueva a Luna nueva.

En tu carta astral o mapa natal, la posición de la Luna indica tu grado de sensibilidad, tu receptividad, tu tipo de imaginación y hasta tu capacidad de ensoñación. También te informa sobre tu familia, la relación con tu madre o la figura que te cuidó y te dio seguridad. Lo más importante que debes tener en cuenta es que las características de tu signo lunar saldrán a la superficie en situaciones de inseguridad.

POSICIÓN DE LA LUNA EN LA CARTA ASTRAL

En astrología, la dignidad esencial se refiere a la naturaleza que tiene un planeta en relación a un signo del zodíaco. Algunas de ellas son **domicilio, exaltación, exilio** y **caída.**

Se dice que un planeta está en domicilio cuando se encuentra en el signo que rige en esta situación, cuando está bien posicionado a nivel astrológico. Cuando está en exaltación aumenta su fortaleza e intensifica sus virtudes. Cuando se encuentra en el signo opuesto al que rige se dice que está en exilio. Y en caída, cuando se encuentra en el signo opuesto al de su exaltación.

En el caso de la Luna, vemos lo siguiente:

- Domicilio: CÁNCER
- Exaltación: TAURO
- Exilio: CAPRICORNIO
- Caída: ESCORPIO

PARTES DEL CUERPO

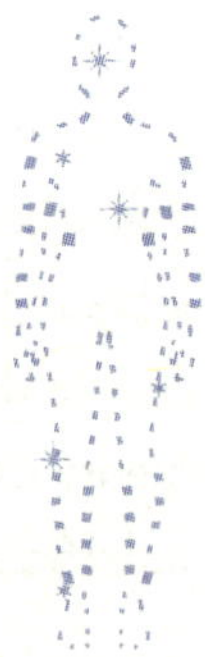

La Luna rige el estómago, la vista, el sistema linfático, los tejidos adiposos y los líquidos del cuerpo, excepto la sangre. También el aparato sexual femenino, el útero, los ovarios y los senos.

DATOS CURIOSOS

Piedra: PERLA Color: BLANCO Metal: PLATA Árbol: SAUCE

NUMEROLOGÍA

El número 2 es el que está regido por la Luna. Las personas cuyos nombres completos o fecha de nacimiento tengan esta vibración numérica son personas entregadas e intuitivas, aquellas que más sienten la influencia lunar y son insconstantes debido a los cambios de forma que tiene la Luna, que las fascina y las hechiza.

CALENDARIOS

Los calendarios de Oriente se basan en los movimientos lunares, a diferencia de los calendarios occidentales, que se basan en los movimientos del Sol. Por este motivo, el año nuevo en Occidente comienza siempre el 1° de enero, mientras que en Oriente cada año tiene su inicio en una fecha diferente.

También se pueden notar estas diferencias entre influencias solares y lunares en las festividades religiosas. El día en que se celebra la Navidad siempre es el 25 de diciembre, por el tiempo solar. En cambio, el domingo de Pascua de Resurrección resulta en un día distinto cada año, por el movimiento de la Luna.

EFECTOS EN LA TIERRA

El desarrollo de la agricultura condujo al descubrimiento de los efectos de la Luna sobre la germinación de las semillas y el crecimiento de las plantas, ya que la energía lunar influye sobre las mareas y sobre el rocío que las humidifica.

Las cuatro fases lunares producen oscilaciones en el campo electromagnético de la Tierra. Estas sutiles variaciones del magnetismo terrestre también generan consecuencias en el cuerpo humano, ya que entre un 60 % y 70 % del peso corporal es agua.

TRÂNSITO POR CADA SIGNO

La Luna permanece dos días y medio en cada signo. Para saber en qué signo se encuentra se puede consultar el calendario lunar por fases y signos en el QR de la página 9.

ARIES

Cuando la Luna transita por este signo son días apropiados para acciones breves, pero evitando comportamientos impulsivos, exponerse a la luz solar para incorporar vitamina D, dormir lo suficiente y renunciar a la cafeína. También son jornadas excelentes para comenzar situaciones que no tengan que tener continuidad o ser permanentes.

TAURO

Este tránsito es ideal para tomar decisiones sensatas y de larga duración. Son días propicios para ir al dentista, por ejemplo. La influencia de la Luna puede ser positiva o negativa, según si la fase lunar es creciente o menguante, y afecta fuertemente a cuestiones relacionadas con el dinero, los negocios y las finanzas.

Hay una profunda necesidad de estar en paz, de observar bien lo que se hace y de no estresarse. Todo se hará a paso lento y seguro.

GÉMINIS

Cuando la Luna transita por este signo, son días apropiados para hacerse una manicura.

Esta energía afecta a la documentación, los contratos, las firmas, los estudios y las comunicaciones. Son días en los que se habla mucho y se hace poco, porque se presentan distintas opciones o alternativas y todas son atractivas.

Existe una marcada tendencia a que la mente controle los sentimientos.

CÁNCER

Durante este tránsito, cuando la Luna está en domicilio, es el momento apropiado para un encuentro familiar. Son días de hipersensibilidad, hay que descansar muy bien y evitar actividades agotadoras. Pasar más tiempo al aire libre será muy beneficioso.

Esta energía afecta fundamentalmente a las mujeres, la familia, la madre. Estimula notablemente las emociones.

LEO

Estos días son para evitar los disgustos y el cansancio en exceso, pero también para tomar actitudes de liderazgo.

La energía de este tránsito afecta los romances y los entretenimientos. Las personas están más propensas a los halagos, a ser el centro de atención. Ideal para ir a ver un espectáculo teatral.

VIRGO

Durante esos días es apropiado dar pequeños pasos, pero contundentes. Primero examinar y después actuar, esta es la clave.

Es el momento idóneo para trabajos rutinarios y tareas que requieran paciencia y precisión. También para comenzar con un nuevo plan de alimentación, controles médicos y ejercicio.

Esta energía aporta más atención a los detalles. Son días propicios para limpiar y ordenar los ambientes del hogar.

LIBRA

Cuando la Luna transita por este signo no es el momento para tomar decisiones si no se está seguro de poder llevarlas a cabo, ya que la indecisión está presente. Se deben profundizar los vínculos y prestar atención a la postura física que se adopta al trabajar.

Esta energía afecta a los socios, ya sean comerciales o conyugales. Son tiempos dichosos para expresar el arte en todo su esplendor, para visitar museos o realizar actividades artísticas.

ESCORPIO

Con el tránsito de la Luna por este signo llegan días muy intensos a nivel emocional, ya que aumenta la sensibilidad y se puede herir a otros fácilmente. Hay que evitar las discusiones y los enfrentamientos. Esta energía también afecta a la sexualidad, induce a los celos y a la desconfianza.

Todo hecho que finaliza con la Luna en Escorpio es definitivo, no hay vuelta atrás. Son excelentes días para sacar a la luz todo lo que está oculto, desvelar misterios y embarcarse en una búsqueda de cualquier objeto perdido.

SAGITARIO

Cuando la Luna transita por este signo, son días apropiados para relajar los músculos del cuerpo. Es útil aprovecharlos para practicar deportes.

Esta energía ofrece abundancia, optimismo y prosperidad. Afecta fundamentalmente a los jueces. Surgen ganas de organizar viajes, planificar vacaciones y/o estudiar idiomas.

CAPRICORNIO

Esta energía inclina la balanza hacia el pesimismo y la cautela. Las personas, al margen de su signo solar, están más disciplinadas y organizadas. Son jornadas ventajosas para asumir nuevas responsabilidades.

ACUARIO

Con la energía de la Luna en este signo es ideal hacer paseos cortos, son excelentes días para realizar actividades recreativas en grupo, o también para trabajar a fondo con el entorno laboral.

Hay que prestar atención a los hábitos para poder suprimir esas costumbres nocivas y comportamientos dañinos.

Durante este tránsito, las acciones se llevan a cabo de manera vertiginosa y no se toman en cuenta los posibles resultados. La ansiedad domina el presente.

PISCIS

Son días apropiados para la expresión creativa, escuchar música y practicar danzas o incluso actividades como yoga o meditación, ya que esta energía se inclina al misticismo.

También para estar en contacto con el agua, nadar o pescar. Asimismo, es aconsejable usar calzado cómodo, ya que los pies están más sensibles a todo tipo de molestias. Se aconseja una sesión de reflexología.

MITOLOGÍA

En la mitología griega, Selene era la diosa lunar, hija de Hiperión y Tea. Su equivalente en la mitología romana es la Luna.

Selene comparte su vida con Endimión, pastor de Caria. Una noche, Endimión se refugió en una gruta para descansar tras un duro día de trabajo. La noche estaba despejada, y Selene paseaba por el cielo en su carroza. La luz de la luna entró en la cueva, y fue entonces cuando pudo ver al joven dormido y se enamoró perdidamente de él.

Selene descendió del cielo y Endimión fue despertado por un beso. Toda la cueva se iluminó por la luz de la luna. Ella subió al Olimpo y le pidió a Zeus que le concediera un deseo para Endimión, su amado. Él pidió el don de la eterna juventud para vivir su amor perpetuo con Selene, de cuya unión nacieron cincuenta hijos.

«No jures por la Luna, esa inconstante que cada mes cambia en su esfera, no sea que tu amor resulte tan variable».

WILLIAM SHAKESPEARE

LAS FASES LUNARES

Las fases lunares son los fenómenos más llamativos del cielo nocturno. Son visibles gracias a que la Luna es iluminada por el Sol durante su viaje alrededor de la Tierra, los trescientos sesenta y cinco días del año.

Estos hechos astronómicos son milagros de la naturaleza por la cronometría con la que suceden.

En la Antigüedad, se consideraba que la Luna tenía tres fases, ya que la menguante y la nueva se consideraban como una sola. Estas fases representaban a la trinidad lunar: el arquetipo de la doncella, el de la madre y el de la anciana.

Por el contrario, en la actualidad, cada mes se divide en cuatro fases lunares principales: Luna nueva, cuarto creciente, Luna llena y cuarto menguante. Sin embargo, como la Luna está en constante movimiento, su ciclo puede dividirse en ocho fases que duran tres días y medio, aproximadamente:

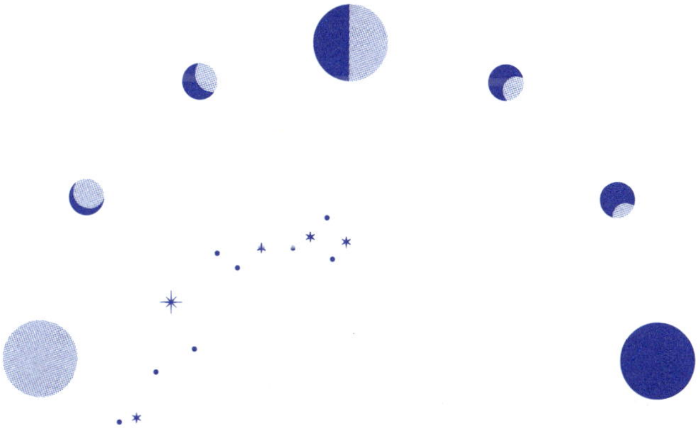

- Luna nueva (o *novilunio*)
- Luna media creciente
- Cuarto creciente
- Luna creciente
- Luna llena (o *plenilunio*)
- Luna menguante
- Cuarto menguante
- Luna media menguante

Y así, de esta manera, vuelve a empezar el ciclo.

LUNA NUEVA
O *NOVILUNIO*

*«Truenos con Luna nueva,
prepárese a que llueva».*

REFRÁN POPULAR

LINAJE
UTILIDAD
NACIMIENTO
ACCIONAR

NOVEDAD
UNIFICAR
ESPERANZA
VISUALIZAR
APERTURA

LUNA NUEVA O *NOVILUNIO*

Es imperceptible en el cielo, casi ni se nota. La Luna nueva se produce cuando está más cerca del Sol y su brillo queda eliminado por este. Solo se puede observar su cara oscura porque en esta fase la Luna se interpone entre el Sol y la Tierra, de manera que, desde nuestro planeta, ya no resulta posible ver la luz reflejada del Sol. Es decir, la cara de la Luna que da a la Tierra queda en la oscuridad. A esta fase lunar también se la denomina *novilunio.*

Astrológicamente hablando, el Sol y la Luna están en conjunción o juntos; y, por lo general, en el mismo signo zodiacal.

En nuestras vidas, cada Luna nueva marca un nuevo comienzo, un inicio en algún ámbito de la vida. Es el aviso para reexaminar y empezar de cero. Hay que aprovechar esta lunación para resetear la energía.

Las personas nacidas en Luna nueva sienten curiosidad por la vida. Son abiertas, efusivas y espontáneas, con una personalidad desbordante.

Con respecto al clima, la Luna nueva suele traer un cambio climático. Lo nuevo se avecina.

Si tienes un huerto con plantas que crecen por encima del suelo, deberás sembrarlas durante esta lunación. También es un período favorable para abonar cualquier planta que desees que florezca con fuerza.

CONSEJOS ASTRALES PARA TU VIDA EN LUNA NUEVA

- Energía de inicios y comienzos.
- Momento de siembra.
- Nuevo punto de partida.
- Es el momento ideal para una mudanza.

CUARTO CRECIENTE

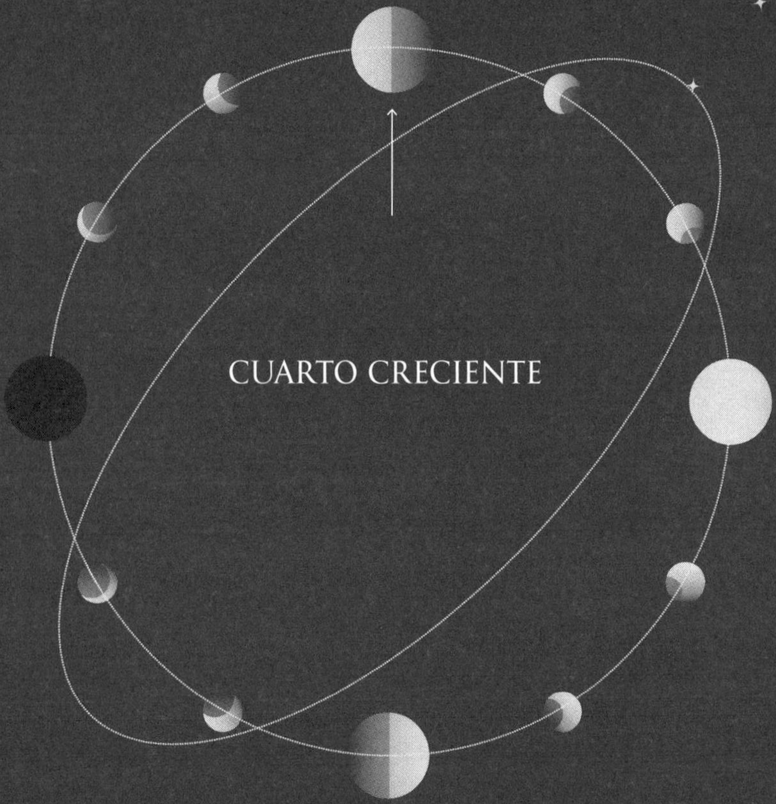

«Luna creciente, muda la gente».

REFRÁN POPULAR

CONEXIÓN
UTOPÍA
APRENDIZAJE
RESTITUIR
TRANSFORMACIÓN
OPULENCIA

CREATIVIDAD
REVOLUCIÓN
ENERGÍA
CRECIMIENTO
INTENCIÓN
ESPIRITUALIDAD
NUTRICIÓN
TRANSMUTACIÓN
ELEVACIÓN

CUARTO CRECIENTE

En el cielo, al atardecer, solo se puede observar una media luna; es cuando la parte redonda de la Luna mira a la derecha, formando una letra *D*.

Astrológicamente hablando, la Luna está en cuadratura con el Sol, en un aspecto tenso y con una distancia entre sí de noventa grados.

Durante esta fase resulta mejor dejar las cosas como están y no intentar avanzar. Es el momento ideal para construir y reunir fuerzas para lo que viene. Tiene el efecto de impulsar, intensificar y aumentar cualquier idea, pensamiento o proyecto. También es una energía favorable para encontrar o recuperar lo que se consideraba perdido.

Las personas nacidas en cuarto creciente son muy voluntariosas, activas y expresivas, aunque también pueden ser un poco quisquillosas y exigentes.

Con respecto al clima, si la Luna está muy ahuecada y boca arriba, traerá lluvias.

Si tienes un huerto, en esta lunación es conveniente plantar vegetación con bulbos o perenne.

CONSEJOS ASTRALES PARA TU VIDA EN CUARTO CRECIENTE

- Haz cambios en hábitos obsoletos.
- Fortalece el crecimiento de lo que quieras expandir.
- Es el momento ideal para hacer tratamientos capilares.

LUNA LLENA
O *PLENILUNIO*

«Luna llena brillante,
buen tiempo por delante».

REFRÁN POPULAR

LOGRO	**L**IMPIAR
ULTIMAR	**L**OCURA
NECESIDAD	**E**VACUAR
APUNTILLAR	**N**ITIDEZ
	ACABAR

LUNA LLENA O *PLENILUNIO*

La Luna llena es sumamente visible en el cielo, ya que se puede observar una esfera o disco completo. En este momento es cuando está más alejada del Sol y están enfrentados entre sí o, como se dice en la astrología, están en oposición: a una distancia de ciento ochenta grados, y la Luna se encuentra en una línea recta trazada entre la Tierra y el Sol. La cara de la Luna que está vuelta hacia la Tierra está completamente iluminada. También se denomina *plenilunio*.

Esto ocurre aproximadamente unos catorce o quince días después de la Luna nueva. Debido a que la Luna tarda aproximadamente veintiocho días en repetir sus fases, lo más común es que se presente una Luna llena al mes, pero hay ciertas ocasiones en que se pueden producir dos Lunas llenas en un mismo mes. Este evento ocurre aproximadamente cada tres años y a esta segunda Luna llena se la llama *luna azul*. Esta luna, en particular, suele ocurrir en un mes con treinta y un días. La luna azul suele traer lluvias, tormentas y mareas, a diferencia de la Luna llena tradicional, que, si está brillante, anuncia buen tiempo, y si está veteada, será portadora de lluvias.

Durante el período de cualquier Luna llena los sentimientos se intensifican, todo parece más importante de lo que en realidad es. Sin embargo, las personas nacidas en Luna llena saben complementar muy bien la lógica con su instinto.

Si tienes un huerto, la fase de Luna llena es ideal para llenarla con plantas carnosas o de mucha agua.

En un año hay doce Lunas llenas, cada una de ellas tiene un nombre específico según el mes del año en el que ocurran. ¿Quieres conocerlas?

- **Enero:** luna de lobo.
- **Febrero:** luna de nieve.
- **Marzo:** luna de gusano o lombriz.
- **Abril:** luna rosada.
- **Mayo:** luna de las flores o luna de leche.
- **Junio:** luna de fresa.
- **Julio:** luna del ciervo o trueno.
- **Agosto:** luna del esturión.
- **Septiembre:** luna de la cosecha o del maíz.
- **Octubre:** luna del cazador.
- **Noviembre:** luna del castor.
- **Diciembre:** luna fría.

CONSEJOS ASTRALES PARA TU VIDA EN LUNA LLENA

- Época propicia para teñirte el pelo y para quedarte embarazada.
- Tus emociones son más intensas.
- Es un tiempo de fuerza, de cumplimiento y de consecución.
- Cambia de ritmo y evalúa tus propios progresos.
- Concéntrate en tus proyectos existentes.
- Elimina todos los procesos improductivos que estés llevando a cabo.

CUARTO MENGUANTE

«Cuando mengua la Luna,
no siembres cosa alguna».

REFRÁN POPULAR

CONFIANZA
UNIVERSO
ASIMILACIÓN
RUIN
TRUNCAR
OCULTAR

MERMAR
EMPEQUEÑECER
NIVELAR
GESTIONAR
ULTIMÁTUM
AMINORAR
NEBULOSO
TACAÑERÍA
ESFUERZOS

CUARTO MENGUANTE

Sale por las mañanas antes que el Sol. Es cuando la parte redonda de la Luna mira hacia la izquierda, formando una letra C. La Luna está en cuadratura al Sol con la mitad de su cara visible. La Luna y el Sol forman un aspecto tenso con una distancia entre sí de noventa grados, al igual que durante la fase de cuarto creciente.

Cuando la Luna está en cuarto menguante es tiempo de extinguir, derrumbar y desalentar. Esta fase tiene el efecto de las tres *R*: *restringir*, *reducir* y hasta *retroceder*. Durante la lunación, se recomienda descansar lo máximo posible para poder recuperar energías. Son momentos propicios para el análisis y el autodescubrimiento.

Para las personas nacidas en cuarto menguante, su asimilación y desarrollo trasciende su edad cronológica.

Si tienes un huerto, en esta lunación conviene que plantes árboles jóvenes.

CONSEJOS ASTRALES PARA TU VIDA EN CUARTO MENGUANTE

- Se cierra un ciclo en tu vida. Época para cosechar lo sembrado.
- Momento propicio para recapitular.
- Trasplanta tus plantas con las herramientas adecuadas.
- Desintegra ayudando a reducir todo lo que consideras que deba ser mermado.
- Momento apropiado para desintoxicar y depurar la piel.

ECLIPSES LUNARES

Cuenta una leyenda que la Luna y el Sol siempre estuvieron enamorados uno del otro. Pero nunca podían encontrarse, pues la Luna solo salía cuando el Sol se iba. Siendo así, Dios, en su infinita bondad, creó el eclipse como prueba de que no existe en el mundo un amor imposible.

ENSOMBRECIMIENTO
CONO
LIMITACIONES
INTERPOSICIONES
PARCIALIDAD
SOMBRA
ESCAPATORIA

LECCIONES
UNANIMIDAD
NOCHE
AUSENCIA
REVISIÓN

ECLIPSES LUNARES

La etimología de la palabra *eclipse* proviene del latín *eclipsis* o del griego *ekleipsis*, que remite a la desaparición u ocultación total o parcial de un cuerpo celeste cuando es bloqueado por otro.

Los eclipses, en la Antigüedad, inspiraban miedo y especulaciones sobre sus consecuencias. Afortunadamente, la visión del mundo cambió y hoy sabemos que nada de esto resulta más alejado de la realidad. Pero lo que sí es cierto es que los eclipses mueven mucha energía, por eso nos brindan la posibilidad de recalcular el rumbo. Además, señalan un área de la vida que necesita un ajuste.

Los eclipses se producen en diferentes signos zodiacales, por lo tanto, si suceden en un punto sensible de la carta astral o del signo solar, indican nuevas experiencias emocionales. Muchas veces señalan cambios en los vínculos. Hay que tener en cuenta los dos puntos sensibles que los constituyen, el signo donde se encuentra la Luna y el del Sol que se encuentran en oposición.

Un eclipse lunar es una Luna llena más potente debido a la duración de sus efectos. Las Lunas llenas siempre son excelentes catalizadores para magnificar problemas preexistentes. Debido a esto, las áreas de vida activadas por el eclipse pueden tener giros inesperados. Desencadena cambios y augura un punto de inflexión o un nuevo desafío.

Con los eclipses lunares se visibilizan situaciones pasadas que se deben dejar atrás y también surgen nuevas oportunidades. Es un proceso simultáneo de fines y comienzos, de soltar y de recibir. Hay, inexorablemente, un punto de eliminación, por un lado, y de crecimiento, por el otro.

Un eclipse lunar solo puede producirse durante una Luna llena, sin embargo, esto no significa que suceda en cada Luna llena, porque la inclinación de la órbita lunar impide que la Luna, el Sol y la Tierra se alineen perfectamente todos los meses. Para que se produzca un eclipse tienen que intervenir los nodos norte y sur de la Luna (en la página 58 hablaremos más acerca de los nodos). Estos son los dos puntos en los que la órbita de la Luna corta la órbita del Sol, es decir, la eclíptica.

Entonces, para que suceda un eclipse, el cuerpo eclipsado y el cuerpo eclipsante deben alinearse de tal forma que uno de ellos oscurezca al otro. La Luna solo queda eclipsada cuando se encuentra en el lado opuesto de la Tierra con respecto al Sol, ya que en ese punto está cruzando la sombra de la Tierra. A esta zona oscurecida se la conoce como *cono de sombra*, y mientras la Luna lo atraviesa, una parte de su disco se va oscureciendo progresivamente. Por lo tanto, la Tierra proyecta su sombra sobre la superficie lunar.

DUDAS FRECUENTES

¿Cuántos eclipses lunares hay por año?

Existen solo dos o tres eclipses de Luna al año.

¿Cuándo suceden?

Solo pueden suceder, aproximadamente, catorce días antes o después de un eclipse solar.

¿Cuánto dura un eclipse de Luna?

Desde que empieza hasta que finaliza pueden pasar varios minutos u horas. Se dice que, por cada hora de duración del eclipse, sus efectos se extienden durante un mes y pueden llegar a manifestarse antes o después del eclipse en sí.

¿Cuál es la dirección en que se forman?

La dirección en que se forman los eclipses lunares es de este a oeste.

¿Cuántos tipos de eclipses lunares existen?

El eclipse lunar puede ser total, parcial o penumbral.

Es total cuando la Luna parece pasar rápidamente por todas sus fases hasta el final y luego invierte su proceso, a medida que vuelve a verse progresivamente una porción cada vez mayor de su cara.

Es parcial cuando solo queda cubierta una parte de la superficie. Este tipo de eclipse lunar es más frecuente que el eclipse total. Es muy raro que la Luna desaparezca por completo durante un eclipse, incluso cuando se trata de uno total suele ser visible.

En estos dos casos, mientras sucede el eclipse, tanto una parte como la totalidad de este satélite desaparece temporalmente.

En cambio, cuando la Tierra se interpone entre la Luna llena y el Sol ocurre un eclipse lunar penumbral, la Luna pasa a través de la penumbra terrestre y, de esta manera, la penumbra causa un oscurecimiento en la superficie lunar.

¿Desde dónde lo puedes ver?

Un eclipse lunar puede ser visto desde cualquier parte de la Tierra, siempre y cuando sea de noche. En palabras del reconocido pensador chino libriano Confucio, «por mirar la pequeñez de un gusano, podemos perder la grandeza de un eclipse».

LILITH
O LUNA NEGRA

*«Todos somos como la Luna brillante,
todavía tenemos nuestro lado oscuro».*

KHALIL GIBRAN

LUJURIA
INSTINTO
LASCIVIA
IMPUREZA
TABÚ
HIPNÓTICA

LILITH O LUNA NEGRA

Según la leyenda hebrea, Lilith fue la primera mujer de Adán, quien habría engendrado demonios. Sus rasgos se asemejan a Hécate, diosa de los infiernos, que enseñaba hechicería y se la representaba como una figura de mujer con tres cabezas.

Lilith, o Luna negra, es uno de los puntos virtuales más misteriosos y desconocidos que existen en el espacio. Esta recorre los doce signos del zodíaco en ocho años, aproximadamente. Su energía astral revela lo que está encerrado en el inconsciente, lo que negamos, las frustraciones, los deseos sexuales, el tipo de erotismo y las transgresiones que tiene nuestra personalidad. Simboliza el placer de lo prohibido, ya que posee un espíritu independiente que disfruta de la libertad sexual. Usualmente, es asociada a temas tabúes.

A través de Lilith podemos conocer nuestro lado oscuro, aquel aspecto más sumiso a los instintos y el más condicionado por las tentaciones.

En la carta astral de un hombre, la posición de la Luna negra denota qué tipo de mujer desea profundamente. En la de una mujer, el posicionamiento astral de Lilith representa cómo se siente como mujer, su identidad femenina y la imagen de su cuerpo.

Esta Luna representa un punto de deseo y funciona a través de la seducción, que es, en realidad, donde el atractivo nos hace perder el control.

LA POSICIÓN DE LA LUNA NEGRA EN LA CARTA ASTRAL

Lilith ocupó cierto lugar en el momento de tu nacimiento. Si, en tu carta astral, Lilith se encuentra en...

ARIES

Lilith en Aries tiene una gran capacidad erótica. El impulso sexual es imperativo y demandante. Padece problemas de autoestima y necesita ser adorada en todo momento, de día y de noche.

Esta Luna es violenta y se enfada fácilmente, hace honor a su temperamento infantil y no acepta imposiciones, porque siente que pueden dañar su individualidad.

La negación suele presentarse a nivel mental, lo cual desencadena problemas de memoria.

TAURO

Lilith en Tauro intensifica el erotismo y exacerba los aspectos más primitivos del signo. Esta es una posición poderosa para la Luna negra, ya que cuando quiere algo, lo consigue.

El impulso sexual es importante y puede manifestarse a través de fuertes sentimientos posesivos. El sexo para esta Luna es una necesidad cotidiana; expresa una intensa sensualidad y esto lleva a la inestabilidad afectiva.

Por otro lado, el sentido de posesión puede encaminarse hacia cualquier cosa, material o no, y el impulso de desinhibición de la Luna negra en Tauro puede llevar a quien la tenga a no querer privarse de nada.

GÉMINIS

Lilith en este signo está exaltada y a la persona le cuesta comprometerse. En esta posición, la energía necesita buscar experiencias novedosas para no aburrirse. Esto conduce a tener ciertas ambivalencias, ya que se contradice con facilidad.

En esta posición astral, Lilith expresa la duplicidad, y la desinhibición se da a través del juego mental, que puede ser muy provocador para los demás, pero a esta Luna le cuesta controlar sus palabras. Esto desemboca en un chismorreo innecesario.

La negación surge al nivel de la comunicación. Es difícil discutir o conversar seriamente con quien nació con la Luna negra en Géminis.

CÁNCER

Desde el aspecto astrológico, Lilith en el signo de Cáncer está en su detrimento. Esta energía busca protección y seguridad y quiere expresar su pasión sin riesgos.

La negación de esta energía se observa en las relaciones disfuncionales y frustrantes en las que no puede expresar la sensualidad a su ritmo. Su impulso de desinhibición surge del inconsciente. La energía de esta Luna negra actúa a través de los sueños.

Por estar en el signo de Cáncer, todas las vivencias relacionadas con lo lunar serán importantes: el ambiente familiar vivido en la infancia, la relación con la madre, el encuentro con la propia visión de lo femenino, al margen del sexo de la persona.

LEO

Lilith en Leo expresa su sexualidad de una manera casi animal, pero también necesita mostrarse de forma creativa para ser apreciada y admitida por los demás. La persona que nace con Lilith en Leo tiene un ego tan poderoso que provocará que los demás la amen o la odien.

La negación se manifiesta a través de las decepciones afectivas.

El impulso de desinhibición se manifiesta a través de la expansión en la afirmación de la propia fuerza. Esta surge de un impulso consciente mediante el cual demuestra su propia autoridad.

VIRGO

La Luna negra expresa en este signo su sexualidad de una manera inhibida. Ejerce el control sobre sus pasiones y necesita tener seguridad sobre sus sentimientos para poder dar rienda suelta al erotismo.

Las personas con esta Luna no se entregan fácilmente, prefieren esperar a que se den las condiciones que desean.

La negación se observa en las dificultades para realizarse afectivamente expresando la libido.

El impulso de desinhibición se manifiesta a través de la improvisación. El hecho de no estar preparadas con antelación es lo que les dará mejores resultados.

LIBRA

Lilith en Libra se expresa a través de otra persona. Es una posición un tanto contradictoria.

El erotismo se encuentra intensificado por medio del refinamiento, la estética y el buen gusto.

La negación se expresa en el matrimonio, en el que se vive la sexualidad con un poco de desinterés.

El impulso de desinhibición se manifiesta mediante un baile erótico, que le aporta sensualidad y diversión.

ESCORPIO

Lilith en Escorpio transmite una energía generadora de conflictos internos además de una gran capacidad erótica. Esta es la posición más fuerte que puede ocupar Lilith, tiene un magnetismo con un gran atractivo sexual y el sexo es su mejor arma.

Esta Luna les da el típico sentido trágico a las cosas y no permite razonar a la persona si una cuestión es importante o no, porque lleva las cosas a unas profundidades emocionales que resultan absurdas para otros.

La negación se expresa en una impotencia generada por inconfesables temores e inhibiciones.

SAGITARIO

La Luna negra en este signo puede conducir a tomar decisiones muy imprudentes sin aprender de los errores, porque desea sentirse libre para gozar en plenitud y llegar a un éxtasis con matices espirituales.

La persona con Lilith en esta posición siempre explorará en busca de la verdad, sabiendo hacia dónde apunta, y muchas veces creerá estar en posesión de la verdad absoluta. Debe meditar muy bien sus objetivos antes de arriesgarse a ponerlos en práctica.

La negación se expresa en la pérdida de la seducción por temporadas, junto al agotamiento y a la necesidad permanente de estímulos.

CAPRICORNIO

Lilith está dignificada en Capricornio, ya que en esta posición es una energía práctica. La persona con esta posición astral se cierra y se limita voluntariamente para que nadie interfiera en su camino planeado.

La negación aparece con el tiempo, mientras enfría su sexualidad y deteriora la pareja, ya que el individuo se inclina a proyectarse socialmente.

El impulso de desinhibición se manifiesta a través del tantra. Esta práctica sexual oriental busca elevar el espíritu mediante el deseo sexual.

ACUARIO

La Luna negra en Acuario otorga inestabilidad en la expresión del erotismo por sus reacciones impredecibles. Por momentos, se muestra racional, y en otros es más temperamental.

La libertad siempre será importante en todo ámbito de su vida. Posee una necesidad innata de experimentar.

La negación se expresa en el exceso de inquietud.

El impulso de desinhibición se manifiesta a través de la interpretación de otros roles. Jugar a ser «otro» es la clave.

PISCIS

Lilith en Piscis ofrece una sensibilidad exacerbada que, por momentos, puede bloquear la respuesta erótica y generar ciertas inseguridades en la intimidad.

A pesar de esto, transmite una energía incondicional a través de su capacidad de entrega, que suele llegar a fuertes picos de fusión y desinhibirse a través del agua, ya sea bajo una ducha o en una piscina.

La negación se expresa en las imprecisiones con mensajes de doble sentido.

NODOS LUNARES

«Cuando el sabio señala la Luna,
el necio mira el dedo».

CONFUCIO

NODO
OBJETIVO
DESARROLLO
OFRENDAR

NOVEDAD
OPORTUNIDAD
RETO
TITUBEAR
EVOLUCIÓN

NEGACIÓN
OMITIR
DESISTIR
OSCURO

SEGURIDAD
USANZA
RETIRO

NODOS LUNARES

La palabra *nodo* se refiere al punto en el que un planeta cruza el plano extendido de la órbita de otro planeta.

En este caso en particular, los nodos de la Luna son las zonas de intersección de la órbita de esta luminaria con la órbita de la Tierra. Cuando la Luna cruza la órbita de la Tierra en sentido ascendente se le llama *nodo norte, nodo positivo o cabeza de dragón*, y cuando la cruza en sentido descendente es denominado *nodo sur, nodo negativo o cola de dragón*.

Los nodos de la Luna sugieren las misiones que cada individuo tiene que tratar en esta vida. Estos nodos se encuentran exactamente en oposición, enfrentados entre sí, y constituyen entre sí un eje nodal en un ángulo de ciento ochenta grados. Este eje está representado por los signos zodiacales opuestos y el movimiento de los nodos a través de los signos del zodíaco es siempre hacia atrás, es decir, de manera retrógrada.

El nodo norte trae desafíos a nuestras vidas, es un punto de entrada. Se trata de aprendizajes que no siempre estaremos dispuestos a trabajar, pero es necesario tener en cuenta que atraemos las cosas que deseamos, y estas, a su vez, son atraídas en un proceso de sincronicidad. El nodo norte muestra las cosas que necesitamos desarrollar para encontrar el equilibrio interno.

El nodo sur trae consigo todas las experiencias vividas en el pasado que, en el caso de ser repetidas porque están facilitadas en nuestras vidas, frenarían nuestra evolución. Es un punto de salida, representa nuestra zona de confort. El nodo sur muestra las áreas de experiencia ya transitadas.

A este eje también se lo conoce como *kármico*. Por eso se suele decir que simboliza el contrato que nuestra alma firmó antes de nacer.

Hay que trabajar conscientemente las «lecciones de vida» para evolucionar energéticamente. Si no las aplicamos, es probable que los eventos en nuestras vidas nos obliguen a afrontarlas. El nodo sur personifica la recompensa kármica, de dónde venimos. En cambio, el nodo norte representa desafío y crecimiento, a dónde vamos.

EJE ARIES-LIBRA

Cuando los nodos se encuentran en este eje, la principal lección para aprender y trabajar son los vínculos. Esta energía se suele dar en la carta astral de personas de negocios o que pertenezcan al ámbito de la política, con necesidad de reconocimiento y con características competitivas.

Si el nodo norte está en Aries y el nodo sur está en Libra, los problemas se dan con los demás. La energía se manifiesta a través de la libre expresión, mostrando entusiasmo por lo nuevo y luchando contra cualquier limitación personal.

La codependencia y la indecisión son algunos de los problemas característicos de este eje nodal. Se tiende a recurrir a las relaciones en las que se genera una dependencia hacia el otro debido a la falta de valor para hacer frente a la autonomía. Se necesita aprender a amarse confiando en los propios instintos. El desafío está en encontrar un punto de equilibrio entre la energía ariana y la armonía servicial de Libra, entre la impulsividad y la fluctuación.

- **Misión:** Aprender a actuar según los propios instintos teniendo confianza y seguridad en sí mismos.

En cambio, si el nodo norte está en Libra y el nodo sur está en Aries, los problemas se dan con uno mismo, trayendo dudas, ansiedad y tensión. La energía se deberá manifestar a través de la camaradería, de la igualdad con los demás, del sentido de justicia y de armonía, dejando el ego a un lado.

De lo contrario, se tomará todo de forma personal, corriendo riesgos sin sentido. En esta posición, se necesita trabajar en sensibilizarse con las necesidades de los demás, incorporar el tacto, la cooperación y la diplomacia, ponerse en los zapatos de los demás. Se debe considerar otra visión para tener la oportunidad de crecer sin enfocarse solamente en la propia supervivencia.

- **Misión:** Aprender a mirar el otro lado de las situaciones que se plantean en la vida y de las personas, quizás a través de ojos ajenos. La lección de este eje nodal es poder ver la otra cara de la misma moneda.

EJE TAURO-ESCORPIO

Para alguien nacido bajo este eje, su lección consiste en aprender a trabajar los recursos económicos. La clave está en respetar los propios valores y los de los demás.

Si el nodo norte está en Tauro y el nodo sur en Escorpio, la energía se manifiesta a través de la comodidad, la seguridad y las posesiones.

Las personas nacidas bajo este nodo tienen tendencia a definir el propio valor con base en las posesiones. En esta posición, se necesita establecer una autovaloración a través de los propios esfuerzos, para poder disfrutar los momentos más apacibles de la vida sin la necesidad inconsciente de crear crisis. Darse permiso para descubrir las verdaderas necesidades, fortalezas y debilidades.

◑ **Misión:** Aprender a definir las metas personales basándose en la propia escala de valores, para lograrlas con perseverancia, tenacidad y paciencia.

En cambio, si el nodo norte está en Escorpio y el nodo sur en Tauro, la energía se manifiesta a través de la habilidad para dar, de la intensidad con la que se vive y olvidando el pasado para no ser rencoroso.

Las personas nacidas bajo este nodo tienen tendencia a aferrarse demasiado a sus posesiones materiales y a sus hábitos, a ser temerosos ante cualquier cambio. En esta posición, se requiere abrirse a la necesidad de transformación, cambio y regeneración. Las dificultades se experimentan si se ciegan ante la escala de valores ajena. No solo se necesita una pareja o un socio, sino que hay que aprender el valor de la sociedad y la intimidad, compartiendo, para ganar seguridad personal. No hay que dejarse encarcelar por el mundo de los cinco sentidos, sino asumir la posibilidad de tener que afrontar las crisis, que no son otra cosa que oportunidades disfrazadas.

◑ **Misión:** Aprender a soltar, no crear ataduras con ciertos lazos afectivos ni materiales.

EJE GÉMINIS-SAGITARIO

Cuando los nodos se encuentran en este eje, la principal lección para aprender y trabajar es la constante necesidad de estar en movimiento. Esta energía se suele dar en la posición astral de personas que realizan múltiples viajes o que tienen varias carreras y cursos en su haber.

Si el nodo norte está en Géminis y el nodo sur en Sagitario, la energía se manifiesta a través de la capacidad de aprender y comunicar. La curiosidad, la versatilidad y la flexibilidad son características a implementar.

Algunos de los conflictos que esta posición de nodos lunares sugiere son los provocados por mantener creencias y opiniones sin vivirlo en los hechos, por apresurarse a hacer actividades alterando el sistema nervioso con un exceso de energía, y teniendo falta de tacto en las relaciones con los demás. Se vive aceleradamente, con presiones inexistentes, y temiendo que se pierda la libertad.

- **Misión:** Aprender a reducir la velocidad de la vida diaria, a ser sensible con las necesidades de los demás, a comunicar sin miedo, sabiendo que el verdadero conocimiento solo viene a través del intercambio: enseñando y aprendiendo.

Si el nodo norte está en Sagitario y el nodo sur está en Géminis, la energía se manifiesta a través de la confianza, el optimismo, la expansión y la generosidad.

Las personas nacidas bajo este nodo tienen tendencia a agobiarse por excesiva información, a estar sobreestimuladas mentalmente hasta el punto de no poder tomar decisiones eficaces. En esta posición, puede ser difícil comprometerse a algo o con alguien. Se necesita aprender a confiar en el guía interior, ya que cuando se presta demasiada atención a la lógica se pierde la vivencia de aventuras generadas por la emoción y la satisfacción de seguir una corazonada. Hay que aprender a comprometerse con las actividades, tomar el riesgo de evitar la superficialidad y el capricho.

- **Misión:** Aprender a liberar el tumulto interno de la duda y la extrema racionalidad, actuando de forma valiente y guiándose más por la intuición y la fe.

EJE CÁNCER-CAPRICORNIO

Cuando hablamos de este eje, la lección a aprender es, principalmente, la dicotomía entre la imagen pública y la privada. Los nacidos bajo este eje luchan por tener más poder y suelen tener muchos cambios laborales o de residencia.

Si el nodo norte está en Cáncer y el nodo sur en Capricornio, los problemas se dan en la resistencia al control ajeno. Esta energía busca desafiar las normas y, a su vez, muestra fuertes raíces familiares. Se manifiesta a través de la memoria, la dependencia, la intimidad y la protección.

Las personas nacidas bajo este nodo tienen tendencia a sentir la necesidad de estar al mando de todo lo que sucede, a tomarse las responsabilidades demasiado en serio, a ser rígidas y temerosas ante la dependencia. Con los nodos lunares en esta posición, se necesita eliminar la predisposición a manejar la vida de los demás disminuyendo la exigencia de alcanzar las metas. Deben permitirse ser vulnerables, exponiendo sus inseguridades y necesidades personales sin temores. La principal consigna para este eje nodal es dedicarse más tiempo al hogar y a la vida familiar.

Misión: Aprender a seguir los instintos personales, en lugar de ser manejados por las ambiciones materiales.

En cambio, si el nodo norte está en Capricornio y el nodo sur se encuentra en Cáncer, los problemas se dan en el hogar. Para las personas ubicadas dentro de este eje, el poder y el éxito se consiguen con facilidad. La energía se manifiesta a través de la responsabilidad, la sobriedad, la practicidad y las estructuras.

Las personas nacidas bajo este nodo tienen tendencia a recordar el pasado a través de la infancia, viviéndolo con la creencia de que todo tiempo pasado fue mejor; a evitar las propias responsabilidades añorando las oportunidades perdidas. En esta posición, necesitan hacerse cargo de su propia vida aceptando las consecuencias de sus acciones. Quieren sentirse más seguras, pero el convencimiento solo puede venir una vez dejen a un lado la dependencia.

Misión: Aprender a definir metas sólidas y a trazar una dirección en la vida, asumiendo los costes necesarios para alcanzar el objetivo.

EJE LEO-ACUARIO

Cuando los nodos se encuentran en este eje, la principal lección a aprender y trabajar es el poder creador. Creer para crear.

Si el nodo norte está en Leo y el nodo sur en Acuario, la energía se manifiesta a través de la creatividad, la admisión, el aplauso y el liderazgo.

Las personas nacidas bajo este nodo tienen tendencia a temer ser el centro de atención y a tomar riesgos. En esta posición, se necesita evitar caer en la trampa de preocuparse por lo que los demás piensen de ellas. Se pide hacer un esfuerzo consciente para tratar el entorno de manera más personal y amorosa, en lugar de estar recurriendo siempre al intelecto. Sentir más que pensar. Dejar de racionalizar los sentimientos es la clave.

- **Misión:** Aprender a tomar riesgos personales en situaciones que requieran una cierta cantidad de confianza en sí mismos.

En cambio, si el nodo norte está en Acuario y el nodo sur en Leo, la energía se manifiesta a través de la apertura y el individualismo.

Las personas nacidas bajo este nodo tienen tendencia a atarse al drama y a las relaciones personales, a estar enfocadas en conseguir sus objetivos y resistirse en ser una más entre la muchedumbre. En esta posición, necesitan superar ciertos miedos e inseguridades en las relaciones ofreciendo libertad al otro en lugar de esperar que los demás actúen cuando ellas quieran que lo hagan. Saber aceptar la igualdad y no sentirse «especiales». Deberán evitar tomarse las cuestiones de forma personal.

- **Misión:** Aprender a dejar la necesidad de hacer de todo un drama consiguiendo su único objetivo: llamar la atención. Cultivar verdaderas amistades.

EJE VIRGO-PISCIS

Para los nacidos en este eje, la principal lección a aprender y trabajar es el servicio.

Si el nodo norte está en Virgo y el nodo sur en Piscis, la energía se manifiesta a través de la eficiencia, el servicio, el trabajo productivo, el análisis, la discriminación y la humildad.

Estas personas tienen tendencia a hacer las actividades de manera desorganizada y relajada, evitan la formulación de metas y desestiman las preocupaciones cotidianas. En esta posición, necesitan desarrollar rutinas saludables y prácticas, con horarios estipulados para evitar tanto desorden, así como desarrollar una mente más focalizada en la planificación para crear un procedimiento que las ayudará a ser más productivas, prestando atención a fechas, detalles y reglas.

◑ **Misión:** Aprender a estructurar la vida, repartiendo la misma cantidad de huevos en cada canasta, y establecer límites para sí mismos y para los demás.

Si el nodo norte está en Piscis y el nodo sur en Virgo, la energía se manifiesta a través de la sensibilidad y la compasión.

Tienen tendencia a preocuparse incesantemente por todo. En esta posición, se necesita tener más fe en la existencia de un orden superior, tener más compasión hacia los demás, aprender la humildad y reconocer la imperfección propia y ajena. Se necesita incorporar la confianza en el proceso de la vida, desarrollando la piedad y la misericordia.

◑ **Misión:** Aprender a permitir la existencia de errores sin obsesionarse con ellos y a no paralizarse por miedo a no hacer «lo perfecto».

♈ ♉ ♊ ♋ ♌ ♍

♎ ♏ ♐ ♑ ♒ ♓

TRÁNSITO DE LA LUNA POR CADA UNO DE LOS SIGNOS

En cada capítulo encontrarás la siguiente información según en qué signo transite tu Luna.

- **Infancia:** Se aplica a los seres humanos en la fase de desarrollo que transcurre desde el nacimiento hasta la adolescencia.

- **Figura materna:** Está simbolizada por aquella persona que lleva a cabo las tareas de cuidado físico y emocional de otras personas. La figura materna puede o no ser biológica.

- **Necesidades:** Son impulsos humanos dirigidos a satisfacer una carencia. Sin ellas, es imposible la supervivencia.

- **Instintos y emociones (constructivas y destructivas):** Los instintos son conductas innatas e inconscientes que provocan una acción o un sentimiento. Los instintos básicos son: supervivencia, reproducción, realización personal y cuidado. Las emociones, en cambio, son reacciones automáticas a estímulos como una imagen o un pensamiento.

- **El hogar:** Es el ambiente familiar que se desarrolla en la vivienda habitual. Es el lugar donde la persona desenvuelve su vida privada o familiar.

- **Mecanismos de defensa:** Son recursos que tiene el yo para lidiar con la angustia y comparten dos características. En primer lugar, son sanos, ya que protegen el aparato psíquico de la persona (siempre y cuando sean múltiples y variados para poder hacer frente a la angustia); y, en segundo lugar, son inconscientes. Cuando la angustia se dispara, la mente responde primero buscando maneras racionales de escapar de la situación. Si esto no resulta, un rango de mecanismos de defensa puede activarse.

- **Encuentra tu palabra clave:** Encuentra en la sopa de letras las palabras clave que te caracterizan.

- **Astrología para emprendedores:** La carta astral de una persona emprendedora debe validar la presencia de las siguientes características: liderazgo (Leo), poder (Escorpio), popularidad (Cáncer), estrategia (Escorpio), planificación (Capricornio), creatividad (Acuario) y disciplina (Capricornio), entre otras virtudes. Para conocer tu potencial emprendedor es muy importante conocer el signo de tu Luna, ya que te brindará una perspectiva sobre tus propias cualidades empresariales.

- **¿Cómo son los nativos en esta Luna como consumidores?:** Según el signo que ocupa la Luna en el momento de tu nacimiento se puede definir qué tipo de consumidor eres.

- **Astrología kármica:** El signo del zodíaco que ocupa la Luna en el momento de tu nacimiento determina tu camino kármico (ley de causa y efecto) y los desafíos que afrontarás durante la encarnación en esta vida.

- **¿Qué cuento te estás contando?:** Cada uno esconde un arquetipo lunar en su árbol genealógico basado en el signo en que se encuentra la Luna.

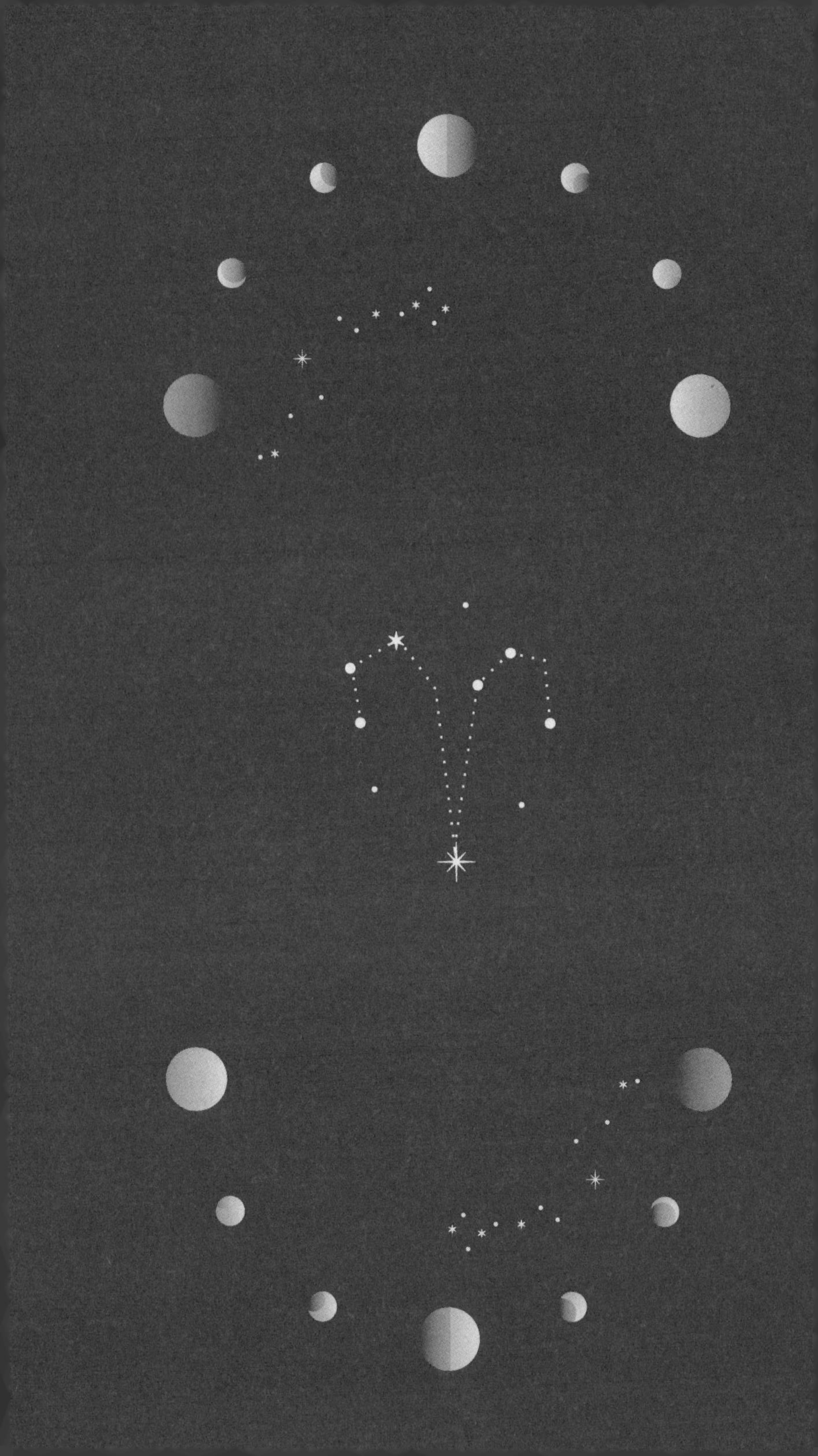

LUNA EN ARIES

«Mientras el Sol brilla,
no preguntamos por la Luna».

PROVERBIO RUSO

- **Planeta regente:** Marte.
- **Canción:** *Luna roja* (1992), Soda Stereo.
- **Poema:** *La luna asoma*, Federico García Lorca.
- **Diosa:** la guerrera.
- **Palabras clave a tener en cuenta:** vitalidad, empuje, garra, fuerza, impaciencia, imprudencia.
- **Máxima:** motivar sin dominar.

ARIES

Aries es el primer signo del elemento fuego. Es un signo positivo, cardinal, y regido por el planeta Marte.

La Luna en Aries transmite una energía un tanto masculina, con una mayor tendencia a proteger a los demás que a protegerse.

Las personas nacidas con esta Luna son enérgicas, emprendedoras, temperamentales, lanzadas, atrevidas, espontáneas, impulsivas y hasta imprudentes; poseen una gran capacidad para imponerse a los demás. Tienen una energía desbordante y contagiosa a diario, que les ofrece una necesidad imperiosa de actuar. Necesitan luchar para ir en pos de sus objetivos; los impedimentos, en lugar de frenarlos, las impulsan a ir a por más, ya que son personas decididas que actúan sin pensar en las consecuencias. Impacientes, suelen actuar precipitadamente. La clave es no dejarse llevar por los impulsos. Para ello, deben desarrollar y trabajar la voluntad y la paciencia.

Por otro lado, también transmiten tanta vitalidad que, por momentos, hasta parecen agresivas. Prefieren la vida activa a la sedentaria, inclinándose más a la acción que a la fantasía, aunque su imaginación es fértil, viva y despierta.

Las personas nacidas en esta Luna son habilidosas para hacer valer sus necesidades y sentimientos, siendo conscientes de que hacer cualquier cosa es mejor que no hacer nada. Esta energía ariana gobierna la cabeza en detrimento del corazón. En ellas predominan el valor, la confianza en sí mismas, la audacia y su espíritu emprendedor.

Deben tener cuidado ante la falta de continuidad de acontecimientos o proyectos, porque necesitan independencia y libertad y esto las lleva a una rápida acción.

INFANCIA

Los niños con Luna en Aries son personas despiertas, vivaces y activas. No necesitan ayuda de ninguna persona mayor, ya que se valen por ellos mismos y necesitan experimentarlo todo.

No les gustan los juegos tranquilos, tienen que darle rienda suelta a su energía para poder canalizarla. Siempre están dispuestos a emprender tareas arriesgadas que requieran un gran esfuerzo físico.

Estos pequeños suelen ser desobedientes, es por eso que hay que armarse de paciencia ya que son propensos a las rabietas y berrinches para intentar salirse con la suya. Especialmente, pierden la paciencia con facilidad frente a personas muy pasivas y les gusta imponer sus opiniones frente a los demás. Esto puede generarles rivalidades y algunos «enemigos».

FIGURA MATERNA

Para los nativos de esta Luna, su energía suele indicar la presencia de una madre o persona cuidadora muy dominante que tenderá a moldear a estas personas a su gusto. Es una persona fuerte, con mucha energía y con poco tiempo para mimar a sus hijos con ternura. Por este motivo, las personas nacidas con la Luna en Aries reaccionan con brusquedad y velocidad ante las demostraciones de afecto.

NECESIDADES ✓

Las necesidades de estos nativos son intensas y, a la vez, rápidamente cambiantes. Muestran mucho entusiasmo hacia todo lo que implique andanzas, riesgos, desafíos, novedades y donde puedan desplegar su coraje, vitalidad y fortaleza.

Necesitan mantener la sinceridad con sus afectos y no saben disimular lo que no les gusta. Se ofrecen de corazón, sin pedir nada a cambio, y no suelen prestarle atención a los detalles, miran lo global y no lo particular.

Ponen mucho entusiasmo en las actividades que realizan y contagian a los demás su buena energía. Este gran caudal que tienen los hace aptos para los deportes que requieran de un esfuerzo físico importante.

¿QUÉ DEBEN DESARROLLAR?

LA DIPLOMACIA, EL TACTO Y LA PACIENCIA, FUNDAMENTALMENTE. TAMBIÉN DEBEN APRENDER A TRABAJAR EN EQUIPO E INTEGRARSE A LAS IDEAS COLECTIVAS.

Las emociones no son ni buenas ni malas, simplemente son energías para usar. La Luna en Aries se observa en personalidades impetuosas, ardientes, apasionadas; son personas propensas a dejarse llevar por la primera impresión sin pensar en las consecuencias. Cuentan con una fuerza arrasadora que hace que todo sea breve y suelen tener un carácter infantil y caprichoso.

Estos nativos necesitan todo el tiempo conquistar nuevos terrenos para vencer, dominar y salir victoriosos. Reaccionan frente a situaciones que, muchas veces, no valen la pena, pero nunca guardan rencor ya que suelen olvidarse de las cosas que les suceden con facilidad.

La Luna en Aries tiene un fuerte instinto de supervivencia, como los guerreros, y afrontando, de esta manera, todo lo que implique una amenaza.

EMOCIONES CONSTRUCTIVAS

- Valentía
- Intrepidez
- Autenticidad
- Asertividad

EMOCIONES DESTRUCTIVAS

- Apresuramiento
- Ira
- Estrés
- Impetuosidad

EL HOGAR

La casa de las personas con la Luna en Aries puede ser un poco desorganizada, pero es, generalmente, alegre y luminosa.

Necesitan ambientes grandes con suficientes espejos y un mobiliario mínimo para conseguir un estilo minimalista.

El individuo con esta Luna prefiere las formas cuadradas. Su deseo más profundo es tener una bodega en algún rincón de su casa.

Los imprescindibles para estos hogares son: salamandra, artículos de metal, objetos de color rojo, herramientas.

SI TU LUNA ESTÁ EN ARIES Y TU SOL ESTÁ EN:

- ARIES: es sinónimo de fortaleza.
- TAURO: tus deseos están en conflicto.
- GÉMINIS: te apasiona el dinamismo.
- CÁNCER: vas y vuelves tantas veces que te pierdes.
- LEO: eres, principalmente, enérgico.
- VIRGO: resuelves todo con facilidad.
- LIBRA: puedes sufrir de inestabilidad.
- ESCORPIO: te gobierna la intensidad.
- SAGITARIO: tienes la diversión asegurada.
- CAPRICORNIO: priorizas la decisión por encima de todas las cosas.
- ACUARIO: eres muy carismático.
- PISCIS: eres fuerte, pero a veces te gana la timidez.

MECANISMOS DE DEFENSA

Con la Luna en Aries, el mayor problema es su acción temeraria ante ciertos sucesos. Aries, al ser un signo del elemento fuego, es muy impetuoso y combustible, aunque, afortunadamente, su enfado es temporal. Su mecanismo de defensa es realizar una conducta extrema para expresar pensamientos o sentimientos que, de otra manera, la persona sería incapaz de hacer.

En lugar de decir «estoy enfadado», los nacidos bajo esta Luna prefieren lanzar un libro por los aires. Sin embargo, cuando actúan para descargar su propia presión, a menudo, esta reacción los ayuda a tranquilizarse.

ENCUENTRA TU PALABRA CLAVE

Observa esta sopa de letras con características propias de Aries. La primera palabra que descubras es tu palabra clave.

T	D	V	S	A	G	I	P	E	A	M	A	A
A	E	A	E	L	A	A	L	S	U	T	G	I
E	A	M	R	M	S	T	O	A	E	E	I	M
A	U	M	P	P	M	H	D	I	U	G	T	P
S	P	G	A	E	C	R	P	O	C	O	A	E
G	E	A	O	I	R	A	R	E	H	A	D	T
D	E	E	R	C	P	A	C	Z	T	R	A	U
I	C	P	C	U	P	I	M	A	A	E	M	O
S	A	I	O	N	C	E	E	E	E	D	A	S
C	T	C	S	P	I	G	H	C	N	E	A	A
T	F	E	R	V	I	E	N	T	E	T	I	C
O	N	A	H	O	E	E	A	N	P	O	A	A
S	G	S	I	A	G	R	E	S	I	V	A	L

ASTROLOGÍA PARA EMPRENDEDORES

Con la Luna en Aries, las personas son competitivas, independientes y asertivas. Han nacido para ser líderes. Su energía y entusiasmo les permite crear nuevos proyectos, campañas e ideas y les gusta dar el primer paso.

Intrépidos y siempre ávidos de nuevas experiencias, estos guerreros se arriesgarán para tener una batalla en la que luchar y ganar. En su interior, tienen la fortaleza necesaria para convertirse en empresarios exitosos, porque son intrépidos, pero deben tener cuidado con la impaciencia, su principal debilidad.

¿CÓMO SON LOS NATIVOS CON LUNA EN ARIES COMO CONSUMIDORES?

Los consumidores con Luna en Aries son totalmente impulsivos, se dejan llevar por la sensación de comprar algo por el solo hecho de hacerlo, sin detenerse a pensar si el producto realmente les resulta útil ni de qué calidad es. Se tientan con lo que ven, sin tener intención previa de compra.

ASTROLOGÍA KÁRMICA

Los nacidos con Luna en Aries necesitan comprender y desarrollar las habilidades de escucha, entendimiento y reconocimiento de puntos de vista diferentes. La prueba kármica es ser más cooperativos y diplomáticos y aprender a crear un equilibrio entre lo que se da y lo recibido.

Con esta posición en la carta astral, deberán trabajar la sensibilidad y salir del hermetismo, porque crea un obstáculo en la manera de cumplir los deseos.

¿QUÉ CUENTO TE ESTÁS CONTANDO?

El arquetipo de la Luna en Aries está regido por el cuento *Mulán*. ¿Lo recordamos juntos?

Mulán, hija única del matrimonio Fa, tomó una decisión inesperada con la intención de salvar la vida de su padre. Ante la invasión de los hunos en China, el emperador emitió la orden para que un hombre de cada hogar se uniera al ejército y fuera a la guerra. En casa de los Fa solo había un hombre: el padre de Mulán, y ya era mayor. Entonces ella, para salvarlo, robó la espada y la armadura de su padre, un exmilitar, se cortó el pelo para parecer un hombre, se montó en su caballo y se fue decidida a hacerse pasar por un hermano varón.

Tras un duro entrenamiento militar, varios enfrentamientos con el enemigo y de que sus compañeros de armas descubrieran que, en realidad, el gran soldado no era más que una niña, Mulán pudo demostrar su valía al enfrentarse al líder de los hunos, vencerlo y salvar, así, al emperador y a toda China.

REFLEXIÓN

«La flor que crece en la adversidad es la más rara y hermosa de todas».

Mulán es una princesa guerrera que transmite la enseñanza de luchar siempre, de no darse nunca por vencida y ser valiente ante cualquier impedimento. Hay que tener el valor suficiente para luchar contra los obstáculos y las dificultades que aparezcan en la vida.

También habla de la autenticidad de ser uno mismo de manera directa y frontal, sin tapujos ni ocultamientos.

FAMOSOS CON LUNA EN ARIES

- ✱ Angelina Jolie
- ✱ Salvador Dalí
- ✱ Al Capone

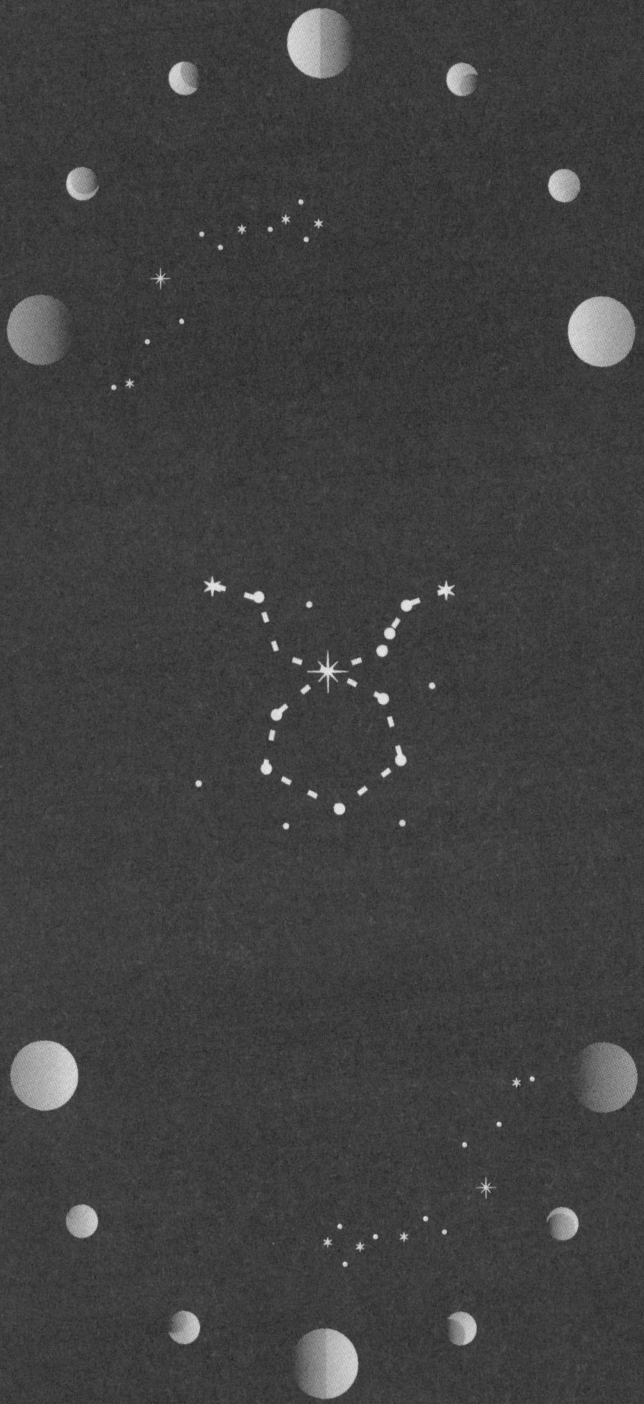

LUNA EN TAURO

«No te fíes de la fortuna, que es mudable como la Luna».

REFRÁN POPULAR

- **Planeta regente:** Venus.
- **Canción:** *La luna y el toro* (1987), Gipsy Kings.
- **Poema:** *La luna y la rosa*, Miguel de Unamuno.
- **Diosa:** la materialista.
- **Palabras clave a tener en cuenta:** paciencia, persistencia, perdurabilidad, terquedad, obstinación, seguridad.
- **Máxima:** sin presiones todo se consigue.

TAURO

Tauro es el primer signo del elemento tierra. Es un signo negativo, fijo y regido por el planeta Venus.

Los nativos con esta Luna tienen gran resistencia física junto a una enorme fuerza de voluntad. Son muy conservadores y tradicionalistas, prudentes, perseverantes, algo obstinados y les cuesta adaptarse a los cambios. Por eso adoran estar en su zona de confort, ya que desconfían de las variaciones y necesitan una rutina que les genere seguridad.

Estas personas son eternas amantes de la vida al aire libre. Tienen muy marcados sus cinco sentidos, lo que las hace proclives a disfrutar de los placeres cotidianos, en particular, se las caracteriza por ser amantes del buen comer. Son personas que buscan el placer en todas sus actividades.

Además, poseen una fuerte sensualidad que necesitan demostrar. Buscan construir lazos afectivos perdurables con quienes puedan expresar sus emociones profundas. Sin embargo, su mayor desafío a vencer es su actitud posesiva.

Disponen de una gran capacidad y facilidad para ganar dinero. Les gusta disfrutar con actividades placenteras y armoniosas. Es probable que sufran algunos desequilibrios en su mundo material, ya que les gusta acumular por el solo hecho de poseer.

Venus, el planeta gobernante de Tauro, las dota de autoconfianza, persistencia y determinación. En el plano del amor, se entregan en cuerpo y alma, inclinándose hacia la obstinación y los celos; y en el del trabajo, son normalmente pacientes, saben esperar a que sus proyectos maduren y tengan éxito.

En estas personas predominan la paciencia, la resistencia, la tranquilidad, la durabilidad y la continuidad.

INFANCIA

Los pequeños nacidos con Luna en Tauro son tranquilos y les gusta dormir mucho. Por lo general, suelen tener buen gusto y una excelente memoria.

A pesar de ser obstinados y testarudos, necesitan sentirse rodeados por un clima de seguridad, calma y comodidad.

FIGURA MATERNA

Las personas nacidas con Luna en Tauro suelen vivenciar a una madre o persona cuidadora muy protectora que les brindó caricias, alimentos y todo lo que estaba a su alcance. Les enseñó que todo proceso lleva tiempo de realización y que lo importante es el camino, no solo el resultado final.

NECESIDADES

Las emociones de las personas con esta Luna son profundas, estables y muy duraderas. Esto las convierte en personas leales, pero, a la vez, posesivas. En su mundo emocional buscan seguridad y protección.

Avanzan siempre con mucha cautela, calma y precaución, gracias a su autocontrol.

El ritmo de vida será más lento que el de otras personas, ya que reaccionan gradualmente a lo que va sucediendo. En su interior existe un fuerte miedo a los cambios.

¿QUÉ DEBEN DESARROLLAR?

NECESITAN CONFIAR EN SU CAPACIDAD DE GENERAR SUS PROPIOS RECURSOS, APRENDIENDO A POSEER CON DESAPEGO.

INSTINTOS Y EMOCIONES

Las personas nacidas con Luna en Tauro le otorgan una gran importancia a la vida amorosa y por eso les gusta la lentitud a la hora de tomar decisiones en este ámbito de sus vidas. «Paso a paso» es su lema preferido.

Suelen reflexionar mucho tiempo, no solo sobre su emotividad, sino también sobre las consecuencias de lo que van sintiendo.

Les cuesta realizar cambios por su instinto innato de posesividad. Son sumamente celosas y protectoras. La sensualidad les sale por los poros. Tienen un gran sentido de la estética y sobresalen en tareas artísticas, creativas y musicales. Necesitan rodearse de un entorno armónico y bello, llegando a sucumbir en comodidades y lujos.

Es aconsejable aprender a luchar contra la pereza, el estancamiento y la tendencia a la autoindulgencia.

EMOCIONES CONSTRUCTIVAS

* Prudencia
* Tolerancia
* Firmeza
* Seguridad

EMOCIONES DESTRUCTIVAS

* Estancamiento
* Frustración
* Pereza
* Apego

EL HOGAR

La casa de las personas con Luna en Tauro contiene objetos decorativos valiosos, principalmente estos nativos eligen tener obras de arte y esculturas.

Como tienen una fuerte conexión con la naturaleza, prefieren contar con elementos naturales en su casa, como, por ejemplo, suelos de madera, mobiliario de cerezo e impresiones de hojas.

Los imprescindibles en estos hogares son: esculturas, alfombras, obras de arte, plantas, objetos de color verde.

SI TU LUNA ESTÁ EN TAURO Y TU SOL ESTÁ EN:

★ ARIES: eres atrevido.

★ TAURO: tu estado interior es imperturbable.

★ GÉMINIS: lo superficial no ayuda a tu crecimiento.

★ CÁNCER: la integridad se observa a diario.

★ LEO: la unión hace la fuerza.

★ VIRGO: vivir y dejar vivir.

★ LIBRA: armonía y felicidad.

★ ESCORPIO: el poder de la voluntad.

★ SAGITARIO: lo inmoderado y excesivo.

★ CAPRICORNIO: resistencia frente a los obstáculos.

★ ACUARIO: discrepancias y diferencias sin enfrentamientos.

★ PISCIS: fertilidad creativa.

MECANISMOS DE DEFENSA

El problema de los nacidos con la Luna en Tauro es su deseo constante de seguridad y estabilidad, que es tan fuerte que tienden a ser demasiado tercos y posesivos.

No importa qué infortunio aparezca, no se moverán de su meta. Aunque esta actitud muchas veces es admirable, a menudo los limita y los frustra en otros aspectos.

El rechazo es su mecanismo de defensa, es decir, la negativa a aceptar otras opciones o resultados. Estos nativos lo usan para evitar contactarse con sentimientos dolorosos o áreas de su vida que no desean admitir.

ENCUENTRA TU PALABRA CLAVE

Observa esta sopa de letras con características propias de Tauro. La primera palabra que descubras es tu palabra clave.

R	D	N	P	O	S	E	S	I	V	A	N	S
A	P	N	I	O	E	R	E	I	B	A	A	S
T	T	T	T	O	S	P	R	L	I	I	A	E
L	N	A	P	V	S	T	O	E	A	C	O	S
S	E	R	T	R	A	N	Q	U	I	L	A	T
Ó	R	N	U	N	U	A	T	T	E	R	A	A
L	S	C	N	T	S	V	C	L	S	R	L	B
I	R	R	D	I	I	Á	A	P	O	S	N	L
D	E	U	E	N	R	N	E	E	I	P	S	E
A	S	T	M	P	E	R	A	O	U	O	U	S
E	L	I	I	T	N	T	I	R	A	N	Á	N
Ó	E	L	L	V	N	S	T	I	I	N	M	A
T	I	P	O	A	G	T	I	S	I	A	R	P

ASTROLOGÍA PARA EMPRENDEDORES

Con la Luna en Tauro, las personas poseen la natural perspicacia comercial para comenzar un negocio.

Persistentes, fiables y constructores a largo plazo, el alma empresarial de esta energía busca suntuosidad, belleza y arte. Su mayor debilidad radica en la inflexibilidad en el momento de un cambio de planes, pero su creencia en las soluciones prácticas les permite tomar riesgos con la mínima tensión, haciendo brillar su perseverancia.

Sus emprendimientos predilectos son: hostelería, gastronomía y construcción.

¿CÓMO SON LOS NATIVOS CON LUNA EN TAURO COMO CONSUMIDORES?

Estas personas son clientes fieles, logran promover más ventas y quedar completamente satisfechos.

Estos nativos compran los mismos productos durante años. Les gusta interactuar con el vendedor y mantener contacto. Buscan recibir atención personalizada y exigen respuestas respetuosas por parte del vendedor.

ASTROLOGÍA KÁRMICA

En el caso de los nacidos con la Luna en Tauro, es muy improbable que estas personas presten atención a consejos o sugerencias ajenas, debido a su naturaleza terca.

Y aunque son conscientes de su inflexibilidad, continúan pensando que las maneras tradicionales de hacer las cosas son las mejores.

Su prueba kármica es admitir que de esta forma no consiguen todo lo que desean. La sensación de soledad es, a menudo, un problema para esta Luna.

¿QUÉ CUENTO TE ESTÁS CONTANDO?

El arquetipo de la Luna en Tauro está regido por el cuento *La bella y la bestia*. ¿Lo recordamos juntos?

Cuenta la historia que Bella era hija de un mercader adinerado, quien, además, tenía otras dos hijas. Bella era una joven hermosa y muy bondadosa. Por estos atributos, sus hermanas la maltrataban y la consideraban tonta.

Repentinamente, el mercader perdió toda su fortuna. Solo le quedó una humilde casa en el campo, a la cual se trasladaron. Para sobrevivir, comenzaron a labrar la tierra. Sin embargo, las dos hermanas mayores se negaron a hacerlo mientras que Bella se dijo a sí misma: «Llorando no conseguiré nada, trabajando sí. Puedo ser feliz, aunque sea pobre».

Así, Bella se encargaba de todos los menesteres: preparaba la comida, limpiaba la casa, cultivaba la tierra y hasta se tomaba su tiempo para leer. Sus hermanas, desagradecidas, seguían burlándose de ella.

Tras vivir un año en el campo, las mercancías del padre de familia llegaron en un barco. Al oír la noticia, las hijas mayores le pidieron que les trajera vestidos caros, pensando que podrían recuperar su vida anterior. Bella, en cambio, solo le pidió unas sencillas rosas, ya que por allí no crecía ninguna.

El mercader apenas pudo recuperar sus mercancías y volvió tan pobre como antes. De camino a su casa, lo sorprendió una tormenta, y buscó refugio en un castillo que divisó a lo lejos. Al llegar, no encontró a nadie pero el fuego estaba encendido y la mesa, llena de manjares. Tenía tanta hambre que se sentó a comer.

Después, se sintió tan cansado que se dirigió a uno de los aposentos y se acostó a dormir. Al día siguiente se puso ropas limpias que encontró en la habitación y desayunó con manjares que también encontró preparados para él. El hombre pensaba que el castillo pertenecía a algún hada buena.

Cuando estaba a punto de marcharse vio unas rosas en el jardín y recordó la promesa que le había hecho a Bella. Se dispuso a cortarlas, pero apareció ante él una Bestia enorme y enfadada.

—¡¿Así es como me devuelves mi gratitud?! —gritó la Bestia.

—¡Lo siento! Yo solo pretendía… Son para una de mis hijas… —respondió el mercader asustado.

—¡Basta! Te perdonaré la vida siempre y cuando una de tus hijas me ofrezca la suya a cambio. Ahora, ¡vete!

El hombre llegó a casa exhausto y triste porque intuía que sería la última vez que volvería a ver a sus tres hijas. Le dio las rosas a Bella y les contó lo sucedido. Bella, con mucha determinación, se ofreció a ir al castillo y entregarse para salvar a su padre y a sus hermanas.

Cuando Bella llegó al castillo quedó maravillada por su esplendor. Se encontró con un cartel en una puerta que decía «habitación de Bella», con un piano y una biblioteca. Sin embargo, la tristeza se apoderó de ella al pensar qué estaría haciendo su padre en aquel momento. Absorta en sus pensamientos, vio un espejo y en él una imagen de su casa y de su padre llegando a ella.

Bella empezó a pensar que la Bestia, en realidad, era un ser muy amable. Una noche decidió bajar a cenar y fue cuando comenzó a notar la humildad y bondad de la Bestia.

Fue pasando el tiempo y Bella comenzó a sentir afecto por la Bestia, agradecida de lo mucho que él se esforzaba por complacerla. Todos los días descubría en él nuevas virtudes. Pese a eso, cuando todos los días la Bestia le preguntaba si quería ser su esposa ella siempre contestaba con honestidad:

—Lo siento. Eres muy bueno conmigo, pero no creo que pueda casarme contigo.

La Bestia, a pesar de esta respuesta constante, no se enfadaba, simplemente lanzaba un largo suspiro y desaparecía.

Un día, el padre de Bella se enfermó, entonces ella le pidió a la Bestia que la dejara ir a visitarlo. Él no se opuso pero le pidió que volviera pronto o moriría de tristeza. Bella estuvo en casa de su padre durante dos semanas, hasta que una noche soñó que la Bestia yacía medio muerta en el jardín del castillo.

Regresó de inmediato, lo buscó por todas partes sin éxito, hasta que recordó su sueño y se dirigió al jardín. Allí lo encontró, casi muerto por no haber soportado la soledad.

Se arrodilló en el suelo, la tomó en sus brazos y gritó a viva voz que sería su esposa, que no podía morir. Entonces, el castillo se iluminó de repente, estallaron fuegos artificiales y sonaron las campanas. Cuando Bella se dio la vuelta hacia la Bestia, en su lugar apareció un apuesto príncipe que le sonreía dulcemente y le dijo:

—Gracias, Bella. Un hada malvada me condenó a vivir con esta forma hasta que encontrase a una joven capaz de amarme y casarse conmigo y tú has aparecido y has roto el hechizo —añadió el príncipe.

El príncipe se casó con Bella y ambos vivieron juntos y felices durante mucho tiempo.

REFLEXIÓN

«El amor no lo consigue todo. Pero, sin amor, nada se puede conseguir».

La bella y la bestia es un cuento apropiado para representar la Luna en Tauro: enseña a no dejarse engañar por las apariencias. La verdadera belleza es la interior y no todo en la vida son las posesiones.

El sacrificio cosecha grandes recompensas, dejar ir o soltar nunca es fácil, pero hay momentos en que es necesario hacerlo.

FAMOSOS CON LUNA EN TAURO

* Elton John
* Frida Kahlo

♈ ♉ ♊ ♋ ♌ ♍

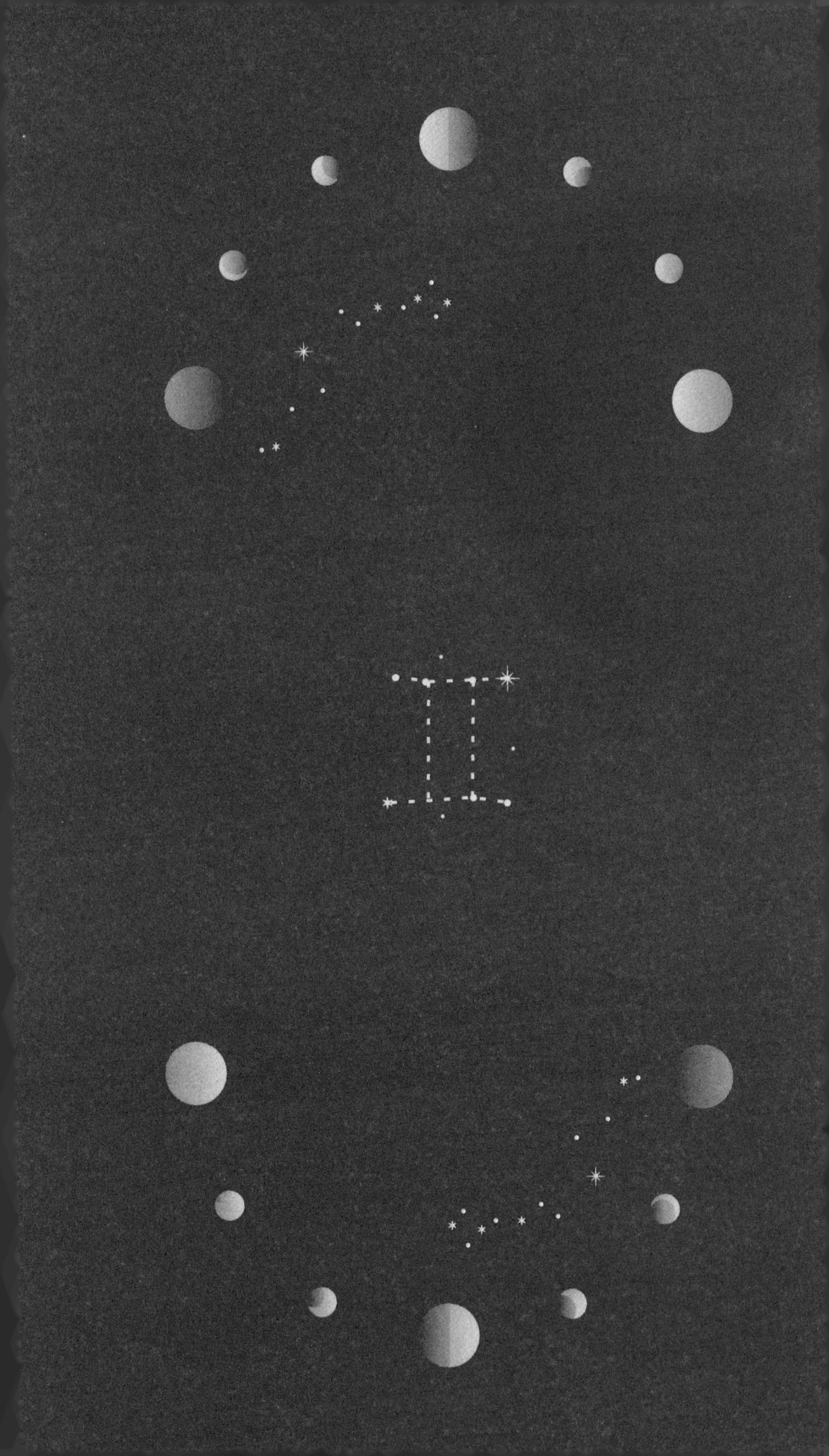

LUNA EN GÉMINIS

*«Lo que prometas bajo la Luna,
cúmplelo al salir el Sol».*

ANÓNIMO

- **Planeta regente:** Mercurio.
- **Canción:** *Siguiendo la luna* (1992), Los Fabulosos Cadillacs.
- **Poema:** *La Luna, la sombra y el bufón*, Antonio Machado.
- **Diosa:** la curiosa.
- **Palabras clave a tener en cuenta:** adaptabilidad, versatilidad, dualidad, inteligencia, ingenio, comunicación.
- **Máxima:** aprender a terminar lo que empiezan.

GÊMINIS

Géminis es el primer signo de aire. Es un signo positivo, mutable y regido por el planeta Mercurio, el dios de la velocidad y la comunicación. La energía de esta Luna está enfocada en el saber y en las ideas que se necesitan expresar frente a los demás.

Son personas flexibles, variables, inquietas, vivaces, que se adaptan con suma facilidad a todo tipo de circunstancias.

La curiosidad que poseen es muy marcada, conocen un poco de todo. Su inteligencia es muy despierta, manifestando una avidez de conocimiento que está en continuo movimiento. Estas personas son excelentes lectoras y pensadoras.

Tienen una capacidad fuera de lo común para asimilar ideas y transmitirlas a los demás. Cuentan con facilidad para expresarse de manera escrita y oral. Al ser regidos por el dios de la comunicación son espléndidos conversadores y maravillosos comerciantes, ya que poseen una aguda visión comercial.

Este es el motivo por el que triunfan en todos los campos relacionados con la palabra y tienen aptitudes para saber idiomas. Cuanto más saben, más seguros se sienten. En ellos predomina el aspecto cerebral sobre el emocional. Esto los lleva a tener dificultad para expresar sus propios sentimientos, porque todo lo intelectualizan. Pero se mueven tan rápidamente que suelen perder oportunidades para aprender y comprender.

Hay un profundo deseo para adquirir el conocimiento y experimentar. Estos nativos deben desarrollar la persistencia y evitar la inconstancia, debido a que son personas cambiantes. Caracterizados por ser *multitasking*, pueden hacer más de dos cosas a la vez.

En ellos predominan la adaptabilidad, el entendimiento, la inquietud física y mental junto con el ingenio.

INFANCIA

Quienes nacen con esta Luna son seres muy curiosos por naturaleza, inquietos y nerviosos. Se adaptan a todo tipo de circunstancias. Les cuesta concentrarse en una sola cosa a la vez. Suelen dispersar sus energías. Tienen buenos reflejos. Desde pequeños se expresan con soltura y asimilan lo que van incorporando con mucha facilidad.

FIGURA MATERNA

Los nativos con Luna en Géminis suelen representar a una madre o persona cuidadora muy dominante que tenderá a moldear a las personas según sus propios intereses. Son madres que priorizaron lo intelectual haciendo hincapié en el estudio, el conocimiento y su formación académica.

NECESIDADES ✓

Las necesidades de estos nativos no suelen ser duraderas. Su mente es el filtro por el cual pasa cada una de sus vivencias, por lo tanto, se vuelven un poco fríos, desapegados o distantes.

Se aburren con facilidad de la gente y de las actividades, dado que su curiosidad desea encontrar sorpresas, novedades y respuestas inteligentes en los demás, cosa que no siempre ocurre. La necesidad de conectar, conocer, intermediar, enseñar, aprender o comerciar es muy fuerte en su vida.

¿QUÉ DEBEN DESARROLLAR?

NECESITAN APRENDER A EXPRESAR SUS EMOCIONES, NO SOLAMENTE CON PALABRAS.

♥ INSTINTOS Y EMOCIONES

Los sentimientos de las personas con Luna en Géminis necesitan ser comprendidos y procesados por su parte racional, debido a que son mucho más cerebrales que emocionales.

Siempre necesitan compartir sus ideas. Tienen una gran facilidad de palabra, lo que los lleva a transmitir su poder de convicción. Necesitan compartir, informarse e informar.

Sus intereses son principalmente los viajes, la comunicación en general y el estar informados.

EMOCIONES CONSTRUCTIVAS

- ✱ Curiosidad
- ✱ Intriga
- ✱ Interés
- ✱ Admiración

EMOCIONES DESTRUCTIVAS

- ✱ Distracción
- ✱ Contrariedad
- ✱ Inconsecuencia
- ✱ Ambivalencia

EL HOGAR

La casa de las personas con Luna en Géminis no tiene un estilo específico de decoración, es decir, que a estas personas les gusta un poco de esto y un poco de aquello, lo moderno mezclado con algo barroco, por ejemplo.

Lo que sí es necesario en la casa donde habita un gemelo es un cuarto especial para sus libros, con estantes o bibliotecas.

Los imprescindibles en estos hogares son: libros, revisteros, coches, bicicletas, pósteres, *wallpapers*.

SI TU LUNA ESTÁ EN GÉMINIS Y TU SOL ESTÁ EN:

- ✶ ARIES: las quejas no sirven, actúa más.
- ✶ TAURO: estimula tus sentidos.
- ✶ GÉMINIS: haz rendir tus recursos.
- ✶ CÁNCER: cuida lo que tienes.
- ✶ LEO: cuida el territorio ganado.
- ✶ VIRGO: haz oídos sordos.
- ✶ LIBRA: no te autoboicotees.
- ✶ ESCORPIO: mide las consecuencias.
- ✶ SAGITARIO: pon límites.
- ✶ CAPRICORNIO: ten un marcado autocontrol.
- ✶ ACUARIO: el conocimiento es capital a largo plazo.
- ✶ PISCIS: acepta las cosas como son.

MECANISMOS DE DEFENSA

Con la Luna en Géminis, estos nativos pueden pensar y actuar en dos niveles o planos a la vez, hecho que los demás no pueden entender. Son tan entretenidos, tan ocupados y tan mentales que no pueden contactarse emocionalmente.

La intelectualización es su mecanismo de defensa, es decir, que ponen el énfasis en objetivizar cuando se enfrentan a un impulso, situación o conducta que consideran inaceptable sin emplear ninguna emoción. Suelen distanciarse del impulso o del evento, instruyéndose a través de la información.

ENCUENTRA TU PALABRA CLAVE

Observa esta sopa de letras con características propias de Géminis. La primera palabra que descubras es tu palabra clave.

A	C	A	E	S	B	A	N	C	B	T	A	N
C	T	Q	R	I	U	D	E	I	D	U	L	E
N	O	S	R	S	O	C	I	A	B	L	E	E
D	N	N	R	S	L	L	S	D	A	A	L	R
S	O	I	V	C	B	T	S	S	O	B	A	I
V	E	V	E	E	S	I	S	U	A	N	U	N
E	R	A	A	A	R	T	A	T	N	I	T	Q
R	D	D	B	A	U	S	P	C	E	S	E	U
S	A	N	C	C	I	A	A	I	D	U	I	I
A	D	L	D	R	D	I	D	D	S	E	I	E
T	A	O	S	A	R	A	S	C	O	A	H	T
I	N	D	E	C	I	S	A	R	E	R	A	A
L	R	H	O	U	E	E	C	M	Q	A	A	E

ASTROLOGÍA PARA EMPRENDEDORES

Con la Luna en Géminis, las personas adoran descubrir diferentes maneras de comunicar y actuar. El nativo con esta Luna es un ser único, un torbellino social, un buscavidas, que con su ingenio y sus habilidades compromete a otros rápidamente.

Estas personas necesitan todo el tiempo estar informadas y siempre quedarán envueltas en emprendimientos actualizados con los últimos datos suministrados a nivel mundial. Se relacionan con los demás recogiendo ideas y proponiendo un plan para poder dirigir los distintos proyectos gracias a su vivacidad, pero deben luchar para contrarrestar las distracciones, su mayor debilidad.

Sus emprendimientos favoritos son: telecomunicaciones y prensa gráfica.

¿CÓMO SON LOS NATIVOS CON LUNA EN GÉMINIS COMO CONSUMIDORES? $

Con la Luna en Géminis, son clientes que dejan guiar sus impulsos consumistas a través de las campañas y ofertas gráficas. Los anuncios originales y llamativos captan su atención, cualquiera que sea el producto mencionado. Buscan siempre estar informados y tratan de ser reflexivos en sus decisiones de compra, pero antes de realizarlas hacen un estudio de mercado para saber con exactitud qué es lo que están adquiriendo, de qué marca y en qué lugar.

ASTROLOGÍA KÁRMICA

En las personas nacidas con la Luna en Géminis es su curiosidad acoplada con su ingenio siempre listo lo que las ayudará a llevar su vida hacia nuevos progresos. Con esta posición en su carta astral, deben evitar dejarse influenciar fácilmente por sus propias lluvias de ideas.

Deben desarrollar la capacidad de permitir que los demás puedan expresar sus pensamientos, ideas y opiniones. Deben tener en cuenta ambos lados de una misma situación antes de extraer cualquier conclusión. Su prueba kármica tiene que ver con su reputación.

¿QUÉ CUENTO TE ESTÁS CONTANDO?

El arquetipo de la Luna en Géminis está regido por el cuento *Pocahontas*. ¿Lo recordamos juntos?

Pocahontas era una joven de alma aventurera, espíritu libre y amante de la naturaleza, pero su padre tenía otros planes para ella: quería que se casara con un guerrero llamado Kocoum. Sin embargo, en su interior sentía que debía seguir por otro camino.

Un día, Pocahontas fue a visitar a la abuela Sauce:

—¡Mi padre quiere que me case con Kocoum, pero él es muy serio y últimamente he tenido un extraño sueño de una flecha que gira! —señaló la preocupada joven.

La abuela, que sabía que los sueños eran fuente de gran sabiduría, le dijo que tenía relación con su futuro. Pocahontas se subió a las fuertes ramas de la abuela Sauce y en la distancia vio nubes extrañas: eran las velas de un barco que venía desde Inglaterra en busca de oro.

Un hombre llamado John Smith, proveniente de la embarcación, pronto encontró a Pocahontas. Le pareció la mujer más hermosa que jamás hubiera visto, y, al mismo tiempo en que ellos se hacían amigos, los tripulantes del barco y los miembros de la tribu se hacían enemigos. Mientras tanto, Kocoum defendía la tierra de los colonizadores junto a su comunidad.

—Estas bestias invaden nuestras tierras. Pelearemos unidos contra estos hombres —arengó a su pueblo.

Fue entonces cuando Pocahontas convenció a John Smith de ir a conversar con su padre para que los pueblos no pelearan. Los jóvenes se besaron dulcemente, sin percatarse de que los observaba Kocoum. El indígena atacó a Smith, sin darse cuenta de que otro colonizador también se encontraba en el lugar e hirió de un disparo a Kocoum. Más tarde, un grupo de indígenas capturaron a Smith y proclamaron que lo matarían al amanecer.

Pocahontas corrió hacia el lugar donde su padre iba a ejecutar a su amado. Se lanzó sobre él para protegerlo y le dijo que si lo mataba tendría que hacer lo mismo con ella. Los colonizadores bajaron sus armas. Smith quiso proteger a su jefe, Ratcliffe, quien fue apresado y los colonizadores emprendieron el regreso.

John Smith tuvo que volver a Inglaterra, pero Pocahontas no se fue con él, sabía que su destino estaba en su tierra, donde la necesitaban. Antes de partir, Smith le dijo que siempre estaría con ella, donde quiera que se encontrara. La joven miró con tristeza el barco que se alejaba, pero no lloró, porque sabía que siempre estarían juntos en el corazón

REFLEXIÓN

«Algunas veces, el camino correcto no es el más fácil».

La hermosa historia de Pocahontas muestra la importancia del diálogo y la trascendencia de escuchar a los demás y a uno mismo. Los valores de igualdad y equidad que transmite este cuento invitan a reflexionar.

FAMOSOS CON LUNA EN GÉMINIS

- Barack Obama
- Sigmund Freud
- Lionel Andrés Messi

LUNA EN CÁNCER

«El padre tiene un carácter fuerte como el Sol y la madre un temperamento dulce como la Luna».

AMIT KALANTRI

- **Planeta regente:** Luna.
- **Canción:** *Bajo la luna* (2013), J. Balvin.
- **Poema:** *Noche de luna llena*, Miguel de Unamuno.
- **Diosa:** la maternal.
- **Palabras clave a tener en cuenta:** emotividad, sensibilidad, protección, ciclotimia, familia, pereza.
- **Máxima:** desean ser necesitados.

CÂNCER

Cáncer es el primer signo del elemento agua. Es femenino, negativo y de modalidad cardinal.

Las personas nacidas con esta Luna poseen una enorme sensibilidad, necesidad de protección y de apoyo. Carecen de solidez. Son personas vulnerables y caprichosas, pero sumamente cariñosas. Necesitan sentirse comprendidos y apreciados. Se nutren de las experiencias del pasado.

Su humor cambia bruscamente y, con frecuencia, son ciclotímicos y tienen sobresaltos emocionales que necesitan ser dominados. Para estos nativos es importante formar su propio hogar y vivir en familia.

Sumamente receptivos a las energías del ambiente que los rodea y del entorno. Suelen tener fuertes premoniciones a las que deben prestarles atención. Esta energía lunar otorga gran fertilidad y poder para fecundar.

Estos nativos necesitan ser aceptados por lo que son. Suelen ponerse a la defensiva cuando se los desafía. En ellos predomina el instinto de amparar y proteger.

Tienen una relación muy intensa con sus madres; tanto de cercanía, como si estuvieran dentro del útero materno, como de alejamiento, es decir, por carencia o por exceso. Deben aprender a cortar el cordón umbilical si forman parte del último caso.

Con la Luna en Cáncer, cuyo gobernante es justamente nuestro satélite, los sentimientos juegan un papel principal. Hay una aguda sensibilidad frente a las vivencias de otras personas. Son melancólicos, proclives a los recuerdos, al pasado y a casi todo lo que es tradicional.

Su naturaleza sensible los descoloca ante cualquier tipo de crítica. Lo que sucede exteriormente les repercute interiormente. Su defecto principal es la pereza, aunque en ellos predominan una fecunda imaginación, gran sentimentalismo, imaginación y fantasía.

INFANCIA

Los niños nacidos con esta Luna son sensibles al ambiente que los rodea. Sienten gran apego familiar, por este motivo les gusta estar en su casa. Son extremadamente receptivos.

En general, son muy populares dentro de su grupo de amigos. Poseen una fértil imaginación y creatividad para inventar juegos y diversiones. Les gustan los festejos y las tradiciones, todo lo que sea respetar las costumbres. Viajan mentalmente cuando les leen cuentos o fábulas. También son caprichosos y susceptibles, con cambios de humor que descolocan a sus progenitores.

FIGURA MATERNA

Los nativos con Luna en Cáncer suelen indicar a una madre o persona cuidadora muy empática, afectuosa, que se ofrece al cien por cien las veinticuatro horas del día, todos los días del año.

Es el gran arquetipo de la madre: casera, adora su hogar y su familia. Valora el cariño y enseña sobre la pertenencia.

NECESIDADES ✓

Sus necesidades son intensas y profundas, muestran un fuerte apego hacia su familia y sus amigos, a los que consideran como parte de su familia. Sienten un gran amor y respeto hacia sus tradiciones y sus ancestros.

Adoran la vida de hogar y la seguridad que representa. Expresan sus necesidades de manera pacífica y tranquila. Es decir, que prefieren callar a discutir, por eso buscan el aislamiento en los momentos de crisis. Cuentan con una intuición muy acentuada que les permite sentir qué les ocurre a otras personas.

Las personas con esta Luna, por su gran sensibilidad, se identifican con el dolor ajeno y llegan, muchas veces, a sufrirlo en carne propia. Tienen miedo a crecer y al desamparo, por este motivo buscan la protección de sus seres queridos.

¿QUÉ DEBEN DESARROLLAR?
APRENDER A CONFIAR MÁS EN SÍ MISMOS.

INSTINTOS Y EMOCIONES

Son personas tiernas, sensibles; siempre dispuestas a escuchar, comprender y ayudar a los demás.

Suelen guardar siempre un recuerdo muy presente de parejas anteriores sin lograr desprenderse de esa imagen pasada.

Su hogar es su refugio, su lugar en el mundo.

EMOCIONES CONSTRUCTIVAS

* Cariño
* Conmoción
* Protección
* Compasión

EMOCIONES DESTRUCTIVAS

* Malhumor
* Vergüenza
* Miedo
* Apatía

EL HOGAR

La casa de las personas con Luna en Cáncer es su orgullo. Los portarretratos con fotos familiares siempre están a la vista junto con objetos decorativos de valor sentimental.

Su estilo es muy tradicional. Prefieren tener un comedor con una mesa muy grande para invitar a todos sus allegados y sienten placer acumulando objetos que han adquirido a un módico precio.

Los imprescindibles en estos hogares son: objetos antiguos, banco de parque, fuente de agua, artículos de vidrio.

SI TU LUNA ESTÂ EN CÂNCER Y TU SOL ESTÂ EN:

- ✶ ARIES: es sinónimo de fortaleza.
- ✶ TAURO: no sacrifiques tus propias necesidades.
- ✶ GÉMINIS: evita los enfrentamientos.
- ✶ CÁNCER: aprende a pedir ayuda cuando la necesites.
- ✶ LEO: lideras sacando lo mejor de los demás.
- ✶ VIRGO: suelta y fluye más.
- ✶ LIBRA: no mezcles las cosas.
- ✶ ESCORPIO: saca a la luz lo que otros no quieren ver.
- ✶ SAGITARIO: confía, todo se dará por añadidura.
- ✶ CAPRICORNIO: suelta tu deseo de perfección.
- ✶ ACUARIO: siente más y piensa menos.
- ✶ PISCIS: sal de los círculos absorbentes.

MECANISMOS DE DEFENSA

Con la Luna en Cáncer, las personas son muy gruñonas y quejicas. Se sienten aturdidas con frecuencia, muchas veces por causas imaginadas sin fundamento real, lo que les genera mucha angustia.

El desplazamiento es su mecanismo de defensa. Reemplazan las emociones actuales por unas suplentes, es decir, sustituyen los pensamientos e impulsos dirigidos a una persona u objeto en otra persona u objeto. Lo usan cuando no pueden expresar sus sentimientos de una manera segura.

Este es un mecanismo de defensa bastante ineficaz, porque mientras el impulso encuentra una ruta para la expresión, es la malversación a otras personas indemnes lo que les seguirá causando problemas adicionales.

ENCUENTRA TU PALABRA CLAVE

Observa esta sopa de letras con características propias de Cáncer. La primera palabra que descubras es tu palabra clave.

A	E	L	E	A	Í	R	O	A	C	E	I	A
C	I	G	C	M	N	A	I	E	Q	R	R	N
E	C	E	I	I	O	D	R	B	Í	O	T	I
I	U	N	C	R	L	C	E	I	D	S	R	A
N	U	U	L	H	A	M	I	E	N	N	M	Q
U	A	I	O	N	A	O	G	O	O	M	C	L
O	A	N	T	A	E	O	T	I	N	D	P	Q
D	L	A	Í	I	C	R	A	R	A	A	A	C
G	P	P	M	A	E	P	P	C	A	Q	L	I
E	M	A	I	F	A	M	I	L	I	A	R	A
C	A	F	C	T	C	P	C	P	I	C	M	T
G	O	V	A	C	P	A	C	I	F	I	C	A
N	L	C	L	R	U	A	O	U	F	C	A	T

ASTROLOGÍA PARA EMPRENDEDORES

Con la Luna en Cáncer, estos nativos pueden parecer tímidos. Son líderes cautos, pero eficaces, y despiertan, además de empatía, entendimiento.

A su equipo de trabajo lo sienten como una extensión de su familia, les gusta crear lazos íntimos con sus integrantes. Son aprensivos y memoriosos. Su sentido del humor cambia constantemente.

A pesar de que su mayor debilidad sea la desconfianza en sí mismos, las personas con esta Luna tienen una fortaleza enorme que los lleva a cumplir cada uno de sus objetivos y propósitos.

¿CÓMO SON LOS NATIVOS CON LUNA EN CÁNCER COMO CONSUMIDORES?

Con la Luna en Cáncer, estos consumidores son personas que buscan las últimas tendencias estableciendo contactos con distintos vendedores. Abren, de esta manera, varios canales con posibilidad de compra.

Siempre están dispuestos a probar un nuevo producto y tienen la habilidad de generar influencia de consumo en las personas de su entorno cercano. No poseen fidelidad por las marcas. Les gusta recibir *e-mails* con promociones.

ASTROLOGÍA KÁRMICA

Con la Luna en Cáncer, las personas tienden a estar atadas a sus días de niñez y a su vida pasada. Son personas dependientes de los demás y siempre corren para echarse sobre sus propias espaldas nuevas responsabilidades.

El miedo que sienten a ser rechazados los hace sobrecargarse de obligaciones. Esto hace que la responsabilidad de sus vidas vaya incrementándose con el paso de los años. Deben desarrollar el compromiso y la perseverancia para obtener más logros.

¿QUÉ CUENTO TE ESTÁS CONTANDO?

El arquetipo de la Luna en Cáncer está regido por el cuento *Rapunzel*. ¿Lo recordamos juntos?

Érase una vez un matrimonio que esperaba ansioso la llegada de su hija, que tanto le habían encomendado a Dios.

La mujer estaba hipnotizada mirando los ruiponces frescos y verdes que había en el jardín de la casa de al lado, lleno de flores de todas las especies, pero que era propiedad de una malvada hechicera.

—Necesito desesperadamente probar los ruiponces del jardín de la hechicera —dijo un día a su esposo.

Y él, que tanto amor sentía por su querida esposa, saltó hacia el jardín.

Al día siguiente, la mujer le pidió más. Esta vez, la bruja lo sorprendió:

—¿Qué haces? ¿Cómo te atreves a robarme mis ruiponces?

—¡Lo siento mucho, de verdad lo siento! ¡No me hagas daño, por favor! —suplicó el hombre temeroso.

—Te dejaré marchar, pero deberás cumplir una promesa: en cuanto nazca tu hija, deberás entregármela.

El hombre, que tanto miedo tenía, ni siquiera se lo pensó y contestó que sí.

La niña nació y le pusieron de nombre Rapunzel, en honor a los ruiponces. Pero cuando la niña cumplió los doce, la hechicera la condujo a una torre en el bosque, y allí la encerró. No tenía puertas ni escaleras, solo una pequeña ventana. Cada vez que la bruja quería subir, gritaba: «¡Rapunzel, deja caer tus cabellos!», y la joven descolgaba por la ventana su larga trenza para que la hechicera subiera trepando.

Un joven príncipe descubrió el secreto de la bruja y logró llegar a Rapunzel. Al encontrarse cara a cara con ella, le preguntó si quería casarse con él. Ella aceptó encantada y cada día recibió la visita de su amado en secreto sin que la bruja se enterara. Pero un día, mientras ayudaba a la bruja a trepar, sin pensarlo, dijo:

—¿Cómo es que te cuesta tanto subir? El hijo del rey sube en menos de un minuto.

—¿Qué? ¿Cómo? Así que me has estado engañando, ¿eh?

Tanta era su furia, que cortó la larga trenza de la joven y mandó a Rapunzel a un lugar más lejano aún. Al día siguiente, el príncipe, al subir la torre, se encontró con la bruja.

—¡Nunca volverás a ver a Rapunzel! —gritó, y le lanzó un maleficio que lo dejó ciego.

El príncipe vagó durante años por el bosque, hasta que un día se reencontró con Rapunzel. Ella lo abrazó y una lágrima se le escapó al ver que su amado estaba ciego por su culpa. Pero esa lágrima rompió el hechizo y devolvió la visión al príncipe. Juntos volvieron al palacio y vivieron felices para siempre.

REFLEXIÓN

«Es la alegría de ser lo que me hace vivir».

La historia habla de dos valores fundamentales para la vida: valentía y amor, ambos presentes en las personas con Luna en Cáncer y, en este cuento, tanto en el padre de Rapunzel como en el príncipe.

FAMOSOS CON LUNA EN CÁNCER

- Shakira
- Marc Anthony

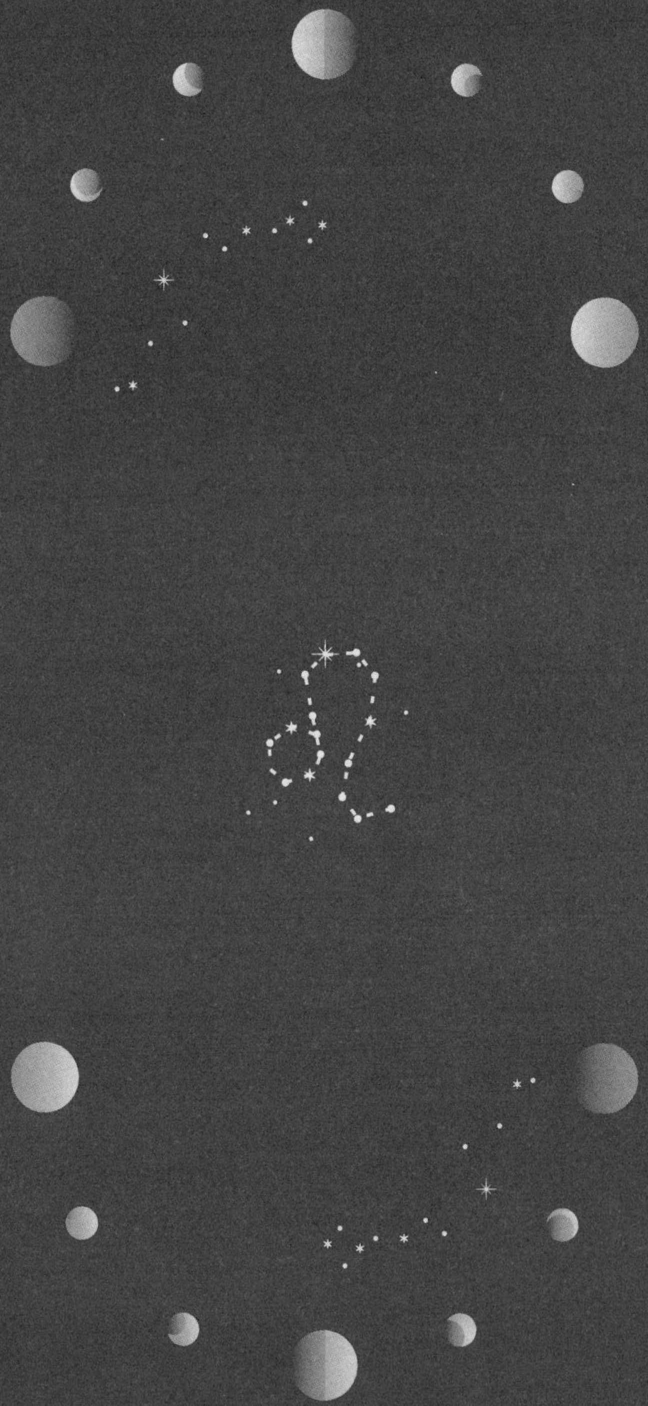

LUNA EN LEO

*«La Luna es la reina de todo.
Ella gobierna los océanos, los ríos,
las lluvias».*

LUCILLE CLIFTON

- **Planeta regente:** Sol.
- **Canción:** *Luna radiante* (1997), Los Auténticos Decadentes.
- **Poema:** *Romance de la luna*, Federico García Lorca.
- **Diosa:** la egocéntrica.
- **Palabras clave a tener en cuenta:** brillo, mando, generosidad, egocentrismo, histrionismo, honor.
- **Máxima:** el brillo que irradias ilumina a los que no lo tienen.

LEO

Leo es el segundo signo del elemento fuego. Se caracteriza por ser un signo positivo, fijo, masculino y gobernado por el Sol.

Son personas con gran confianza en sí mismas, que adoran ser el centro de atención, es por esto que buscan halagos y reconocimiento. Son un tanto ingenuas y confiadas. Prueban casi todas las cosas porque creen que todo está a su alcance.

Estas personas son orgullosas, egocéntricas y de una gran nobleza. Tienen amplitud de miras. Son personas sumamente generosas. No les gusta obedecer, nacieron para mandar.

Sus aptitudes para dirigir y sus deseos de mando los hacen muy populares en el medio en que se mueven. Necesitan ser reconocidas y apreciadas, con muchos admiradores, pero saben seleccionar cuidadosamente a sus amistades.

Estos nativos poseen un magnetismo innato que los transforma en imprescindibles. Saben cómo cautivar a los demás. Tienen una elevada opinión de sí mismos con la habilidad de manejarse socialmente. Al ser tan histriónicos necesitan tener gente a su alrededor.

Deberán aprender, a lo largo de su vida, a conocer sus propias limitaciones, ya que por momentos son un poco prepotentes.

Leo, al estar regido por el Sol, presenta una personalidad con disposición luminosa, brillante, con un fuerte carácter. Les gusta sobresalir a cualquier precio. Hay en ellos un magnetismo que engendra admiración.

Quienes nacen con esta Luna son amables y generosos, se inclinan a hablar de una manera franca y ruidosa, logrando llamar la atención de los demás. Son efusivos, enérgicos y poseen mucha energía.

En ellos predominan el dominio, el orgullo, el honor, la magnanimidad, la nobleza y la pasión.

INFANCIA

Estos niños son vitales, sinceros y nobles. Su presencia se hace notar, como también su alegría. Son histriónicos. Consiguen lo que se proponen sin hacer demasiado esfuerzo. Les gusta mandar.

Sin embargo, no son personas de conformarse con poco, son ambiciosas. Saben exigir, pero también dan, sobre todo a los que más lo necesitan. Son reyes en potencia.

FIGURA MATERNA

Los nativos con Luna en Leo suelen indicar a una madre o persona cuidadora que los trata como seres únicos, siendo siempre los elegidos. Por esta razón, solo se sienten queridos si llaman la atención, si son reconocidos o si son el centro de atención.

NECESIDADES

Sus necesidades son fuertes, entusiastas y constantes. Son nativos fieles a sus afectos y reclaman lo mismo. Emprenden todo con intensidad y están dispuestos a vencer cada obstáculo que se interponga en su camino. Lideran su vida con relativa facilidad.

A la hora de expresar sus sentimientos, pueden llegar a la dramatización o a la exageración. Las personas con esta Luna necesitan sentir que son seres únicos, especiales y distinguidos.

¿QUÉ DEBEN DESARROLLAR?

TIENEN QUE EVITAR LA TENDENCIA A ADOPTAR UNA ACTITUD ARROGANTE, AUTORITARIA O DE SOBERBIA.

INSTINTOS Y EMOCIONES

Las personas con Luna en Leo necesitan sentirse admiradas y ser el centro de atención, pese a quien le pese. Son personas superleales y les otorgan una enorme importancia a todos los asuntos del corazón.

EMOCIONES CONSTRUCTIVAS

* Osadía
* Confianza
* Empoderamiento
* Placer

EMOCIONES DESTRUCTIVAS

* Altivez
* Arrogancia
* Capricho
* Bravura

Las personas con la Luna en Leo tienen una manía de hacer de su hogar un reino. Toda la decoración de su casa reflejará su estilo personal.

Los murales serán un clásico. Los tapizados de leopardo o cebra son modelos ideales para presumir en su casa.

Los imprescindibles en estos hogares son: artículos de lujo, castillos, marcos de cuadros y/o portarretratos con marcos de color dorado, paredes pintadas en colores cálidos.

SI TU LUNA ESTÁ EN LEO Y TU SOL ESTÁ EN:

- ARIES: siembra para cosechar.
- TAURO: el que avisa no es traidor.
- GÉMINIS: da y recibirás.
- CÁNCER: lo primero es la familia.
- LEO: actúa con más independencia.
- VIRGO: vence la timidez.
- LIBRA: refuerza la autoestima.
- ESCORPIO: reconcíliate con tu pasado.
- SAGITARIO: estimula tus sentidos.
- CAPRICORNIO: aprende a delegar.
- ACUARIO: la vida no es un ensayo para un posterior estreno.
- PISCIS: no provoques dudas.

Con la Luna en Leo, el mayor problema es su orgullo. Su brillo convierte al león en un imán: atrae a diferentes tipos de personas y debe ser muy cuidadoso y selectivo, ya que no todas son convenientes y se aprovechan de su inocencia.

La regresión es su mecanismo de defensa. Suelen regresar a una fase más temprana de desarrollo ante pensamientos o impulsos que resultan inaceptables. Ante la angustia, las personas con Luna en Leo pueden retroceder en el tiempo, haciendo uso de conductas infantiles.

ENCUENTRA TU PALABRA CLAVE

Observa esta sopa de letras con características propias de Leo. La primera palabra que descubras es tu palabra clave.

A	G	V	R	O	R	A	D	E	S	A	A	I
R	T	T	O	A	S	E	A	E	N	S	O	O
R	A	A	A	L	L	T	D	E	O	A	N	T
X	V	O	D	A	I	I	E	L	R	L	S	T
A	A	E	E	O	A	N	L	N	V	R	O	D
R	N	X	T	I	N	U	N	E	T	A	A	C
T	I	P	O	O	G	R	A	A	D	O	P	D
U	D	R	S	R	L	L	T	S	N	G	S	S
S	O	E	O	L	L	A	M	A	T	I	V	A
C	S	S	S	O	T	U	S	L	L	O	O	M
S	A	I	T	G	E	N	E	R	O	S	A	R
T	G	V	S	O	O	T	S	L	M	O	A	O
M	O	A	V	C	S	V	U	A	P	S	R	D

ASTROLOGÍA PARA EMPRENDEDORES

Con la Luna en Leo, las personas son seguras y tienen dotes de mando. Su exuberancia natural llama la atención de su entorno. Es imposible no notar su presencia. Sus habilidades organizativas aventajan a los demás en un rol con el que se puedan lucir.

Les gusta tomar riesgos, pero necesitan saborear premios y reconocimientos concretos. Los nativos que quieran asumir un rol empresarial son gregarios y de buen corazón. No les gusta consultar a otros, sino originar su propia solución y tomar el crédito al superar la adversidad. Deberán luchar contra el orgullo, para hacer brillar su gran fortaleza: su generosidad.

¿CÓMO SON LOS NATIVOS CON LUNA EN LEO COMO CONSUMIDORES?

Con la Luna en Leo, son clientes cuyo consumo está focalizado en los juegos. Buscan ganar y compartir entretenimiento y *hobbies*. Buscan siempre ser consumidores *premium*, ya que les gusta el consumo de productos de alta gama y primera calidad. Son consumidores egocéntricos.

ASTROLOGÍA KÁRMICA

Con la Luna en Leo, las personas afrontan los problemas de su vida luchando a capa y espada. Todo lo emprenden con entereza, teniendo fe en sus propios instintos para lograr superar los impedimentos y así destacarse frente a los demás. Sin embargo, no se dejan llevar por elogios y alabanzas, porque su trabajo diario es el que los guiará hacia su meta.

Deberán probar enfocarse más, y confiar en sí mismos.

¿QUÉ CUENTO TE ESTÁS CONTANDO?

El arquetipo de la Luna en Leo está regido por el cuento *Caperucita roja.* ¿Lo recordamos juntos?

Caperucita era una dulce niña que ayudaba a su madre y a su abuela en todo lo que podía. Un día, la anciana enfermó y su madre le pidió que le llevara una cesta con una tarta y un tarro de mermelada.

—Ten mucho cuidado, Caperucita, y no te distraigas en el bosque —le recordó su madre.

—¡Sí, mamá! —respondió Caperucita. Y rápidamente emprendió el camino a casa de su abuelita.

La niña caminaba tranquilamente por el bosque cuando el lobo la vio y se acercó a ella. Le dijo que él también quería ver a su abuela y le propuso hacer una carrera. Mandó a Caperucita por el camino más largo y se apresuró para llegar primero a casa de la anciana. De modo que se hizo pasar por la niña para que la abuela le abriera la puerta. Pero lo que no sabía el lobo era que un cazador lo había visto llegar.

Cuando entró, se abalanzó sobre la abuelita y se la comió de un bocado. Se puso su camisón y se metió en la cama a esperar a que llegara Caperucita. La pequeña se entretuvo en el bosque recogiendo frutos y flores, por eso tardó un poco más en llegar. Finalmente, cuando lo hizo, llamó a la puerta. El lobo, afinando su voz y usando el camisón de la abuela, hizo entrar a la niña. Ella, aunque no supo bien por qué, encontró diferente a su abuelita.

—Abuelita, ¡qué ojos más grandes tienes! —exclamó asombrada Caperucita.

—Sí, son para verte mejor, hija mía —contestó el lobo.

—Abuelita, ¡qué orejas tan grandes tienes! —continuaba diciendo asombrada la niña.

—Claro, son para oírte mejor —respondió el lobo.

—Pero, abuelita, ¡qué dientes más grandes tienes! —añadió Caperucita.

—¡Son para comerte mejor! —gritó el lobo.

Así, el lobo se lanzó sobre Caperucita y se la comió también. Quedó con el estómago tan lleno que se durmió. En ese momento el cazador que lo había visto entrar en la casa comenzó a preocuparse, así que decidió entrar y vio al lobo con la barriga hinchada. El cazador imaginó lo que había ocurrido, así que tomó su cuchillo y abrió la tripa del animal para sacar a Caperucita y su abuelita.

«Hay que darle un buen escarmiento a este lobo», pensó el cazador. De modo que le llenó el interior de la barriga con piedras y se la volvió a coser. Cuando el lobo despertó tenía mucha sed y, al acercarse al río para beber agua, se cayó dentro y se ahogó por el peso de las piedras. A partir de entonces, Caperucita prometió hacer siempre caso a lo que le dijera su madre.

REFLEXIÓN

«Vete temprano y, en el camino, camina tranquila, no te apartes del camino, no vayas a caerte, mira si no queda nada para la abuelita».

Caperucita es una niña que se cuida sola en el bosque y cuida de la comida que le lleva a su abuela. Llevar una cesta, como lo hizo ella, implica llevar una carga, significa ocuparse de tareas de los mayores siendo niños. Esto lleva implícito un riesgo.

La moraleja es no confiar en quienes no conocemos, para poder distinguir entre lo bueno y lo no tan bueno.

FAMOSOS CON LUNA EN LEO

- Julia Roberts
- Paul McCartney
- Diego Torres

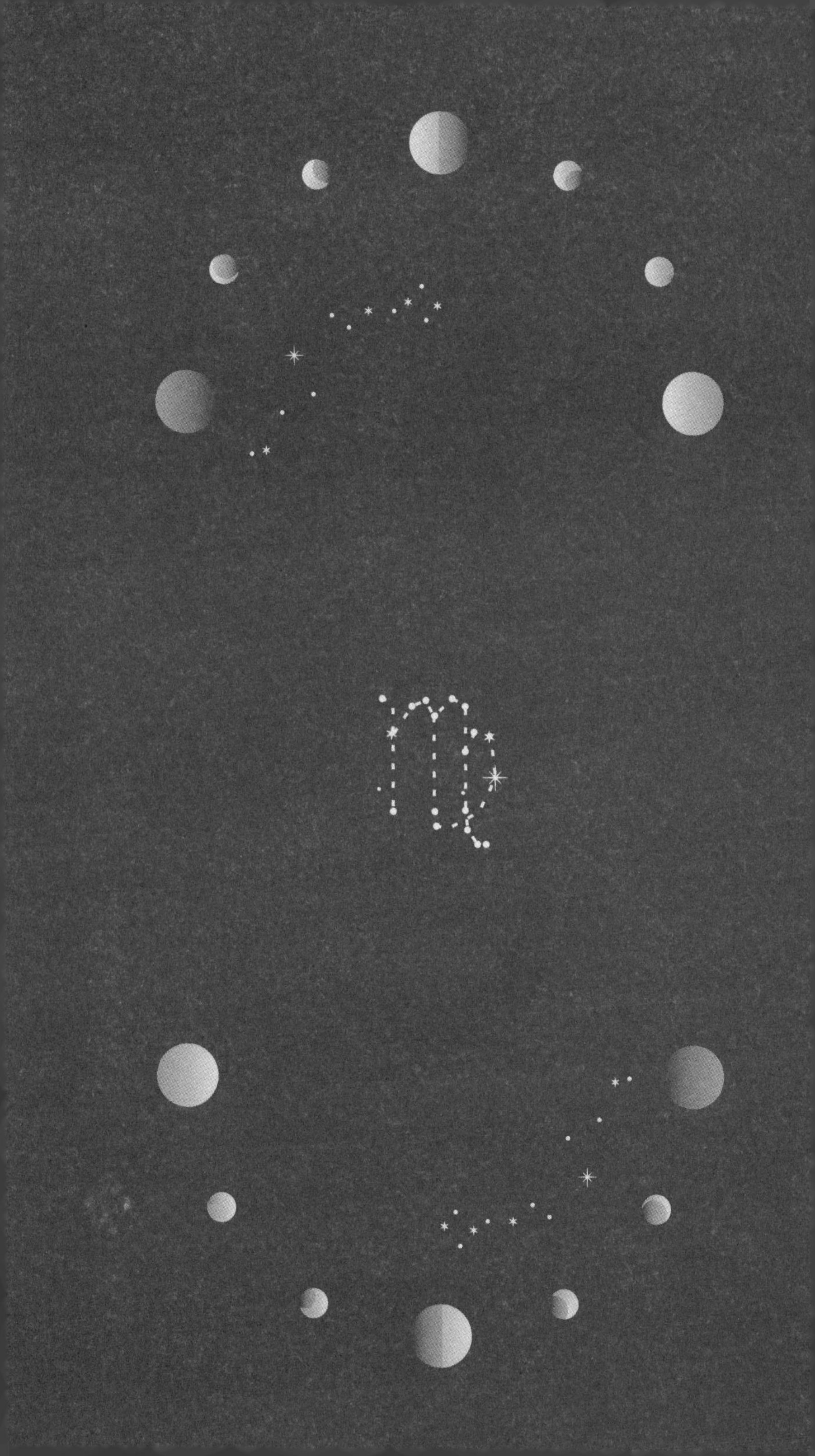

LUNA EN VIRGO

«La Luna nos fascina
por su sencillez».

AVIJEET DAS

- **Planeta regente:** Mercurio.
- **Canción:** *La luna hizo esto* (2010), Il Volo.
- **Poema:** *La luna de los pobres*, Mario Benedetti.
- **Diosa:** la virginal.
- **Palabras clave a tener en cuenta:** orden, pulcritud, eficiencia, detalle, selección, minuciosidad.
- **Máxima:** apunta al perfeccionamiento y no a la perfección.

VIRGO

Virgo es el segundo signo del elemento tierra. Es un signo negativo, femenino, de modalidad mutable y gobernado por el planeta Mercurio, al igual que el signo Géminis.

Son personas muy lógicas y precisas. Tienen un sentido crítico muy desarrollado. Se preocupan demasiado por las pequeñas cosas, por eso les dan excesiva importancia a los detalles.

Son personas hipocondríacas, a veces suelen imaginarse cosas o problemas que no existen.

Su imaginación es práctica, no miran hacia el pasado. Tienen un fuerte sentido común que los ayuda a diferenciar lo importante de lo que no lo es. Muy realistas y analíticos, poseen un gran poder de raciocinio y de discernimiento.

A su vez, son personas sumamente serviciales y tímidas. Su carácter sereno y tranquilo las lleva a buen puerto. Existe un gran control mental de sus emociones. Tienen mucho tacto, sobre todo, en situaciones difíciles.

Virgo analiza los hechos con distancia emocional. La inhibición afectiva que tienen lleva a una inseguridad notoria.

Los nativos con esta Luna están constantemente asimilando, evaluando y criticando. Son minuciosos y prolijos al extremo. Dan una excesiva importancia al confort, la limpieza, el orden y la higiene.

Este signo conduce a que la persona tenga una actitud autocrítica, que tiende a la modestia y, a menudo, la lleva a un sentimiento de inferioridad. Son conservadores. Poseen gran capacidad de aprendizaje debido a su excelente memoria. También son personas prácticas con un gran poder de asimilación que los deja con poco margen para el error.

Las características que predominan en ellos son la tolerancia, la persuasión, la capacidad de mediación, la abnegación y el discernimiento.

INFANCIA

Los niños con Luna en Virgo son personas temerosas, retraídas, con una marcada timidez. Les resulta difícil expresar sus emociones.

Pero al mismo tiempo son eficientes y serviciales. Manifiestan humildad, lo que esconde un complejo de inferioridad. Su espíritu analítico es fuera de lo común. Son obsesivos del orden y de la higiene personal.

FIGURA MATERNA

Los nativos con Luna en Virgo suelen indicar a una madre o persona cuidadora poco afectuosa, ya que priorizan el amor al orden y a la pulcritud.

Esta madre es eficiente y trabajadora, aunque puede tener manías y rutinas muy marcadas.

NECESIDADES

Sus necesidades pasan por el filtro de su mente antes de ser expresadas, lo cual puede volverlos fríos, calculadores o inhibirlos.

Son difíciles de complacer y pueden adoptar una actitud obsesiva o crítica que no les permite disfrutar con libertad de sus afectos. Tienen miedo al fracaso y buscan continuamente una seguridad total, lo que los lleva a contenerse en las demostraciones de sus sentimientos.

Son personas detallistas, analíticas y piensan mucho antes de actuar. No les gusta perder el tiempo y son muy exigentes. Sobresalen por su eficiencia en el trabajo, su capacidad de concentración y su habilidad para organizar. Además, se preocupan por su salud, su dieta, su alimentación y no descuidan su higiene personal. Las personas con esta Luna son delicadas y selectivas con sus gustos. Su miedo extremo no les permite expresar su propio poder.

¿QUÉ DEBEN DESARROLLAR?

NECESITAN BUSCAR UNA APERTURA A SU MUNDO EMOCIONAL Y TRABAJAR SUS DIFICULTADES PARA HACERSE VALER.

INSTINTOS Y EMOCIONES

Las personas con Luna en Virgo son recatadas, con gran inhibición a la hora de demostrar su afecto.

Suelen dar mucha importancia a los pequeños detalles. Son nativos inteligentes, con una mente rápida a pesar de priorizar su sentido común.

Lo más destacado es que sus emociones no obstaculizan su razonamiento.

EMOCIONES CONSTRUCTIVAS

* Calma
* Dignidad
* Modestia
* Humildad

EMOCIONES DESTRUCTIVAS

* Desidia
* Escepticismo
* Prejuicio
* Suspicacia

EL HOGAR

La casa de las personas con Luna en Virgo está siempre ordenada y limpia. Estos nativos usan amplios armarios en los cuales organizan todo por color y tamaño. En su hogar suele existir un santuario para renovarse espiritualmente.

Necesitan una cama cómoda y una bañera grande para crear un ambiente saludable que utilizan para relajar su ocupada mente.

Los imprescindibles en estos hogares son: artículos deportivos (pesas, bicicleta fija, cinta de correr), almohadones bordados, objetos de color marrón, reloj de mercurio, cortapapeles.

SI TU LUNA ESTÁ EN VIRGO Y TU SOL ESTÁ EN:

- ARIES: no hay nada nuevo bajo el sol.
- TAURO: genera tus propios cambios.
- GÉMINIS: detrás de cada miedo hay un potencial por descubrir.
- CÁNCER: no te arrepientas de lo que te hizo sonreír.
- LEO: no limites tus desafíos.
- VIRGO: expresa tus emociones.
- LIBRA: si lo quieres, arriesga.
- ESCORPIO: sal de la trampa del «quiero, pero no puedo».
- SAGITARIO: ten presente lo que mereces.
- CAPRICORNIO: suelta lo que ya te soltó.
- ACUARIO: hay finales que son necesarios.
- PISCIS: hay personas en tu vida que son lecciones.

MECANISMOS DE DEFENSA

El problema de las personas con esta Luna en Virgo es su destreza para criticar, utilizando incluso su propia autocrítica. Hay que comprender que todos tenemos fortalezas y debilidades. Estos nativos deben aprender a apreciar sus dones y a aceptar sus errores sin castigarse.

La compensación es su mecanismo de defensa. Es un proceso que oculta las debilidades percibidas psicológicamente dando énfasis a las fortalezas en otras áreas. También pueden compensar ciertos complejos físicos. Sin embargo, este mecanismo no ataca realmente la causa o fuente de estas debilidades.

ENCUENTRA TU PALABRA CLAVE

Observa esta sopa de letras con características propias de Virgo. La primera palabra que descubras es tu palabra clave.

I	I	N	S	E	G	U	R	A	T	Y	E	E
E	N	T	U	G	I	R	S	I	E	E	L	A
S	A	T	I	A	R	O	G	E	S	A	T	E
S	E	T	E	L	L	N	S	L	I	S	M	I
T	A	P	S	L	L	A	I	E	I	E	E	P
S	I	A	P	E	I	O	N	L	L	P	T	T
S	S	M	A	I	L	G	L	C	R	T	I	L
I	E	Y	I	S	G	A	E	I	S	T	C	D
D	E	I	T	D	T	A	M	N	G	L	U	M
D	I	L	I	E	A	E	N	S	T	U	L	D
V	M	C	D	D	U	L	S	A	A	E	O	U
O	R	G	A	N	I	Z	A	D	A	G	S	M
D	E	E	O	P	N	M	E	A	I	N	A	I

ASTROLOGÍA PARA EMPRENDEDORES

Con la Luna en Virgo, estos nativos son perfeccionistas, están siempre atentos al detalle. Sus hábitos toman mucha relevancia.

Naturalmente trabajadores, les gusta emplear sus horas investigando y leyendo libros para mejorar sus habilidades y sus calificaciones. Están dotados de una exquisita expresión que les permite compartir información.

Trabajar con ellos es un privilegio, siempre y cuando entiendan su necesidad obsesiva de ser productivos a diario. Si bien su precisión los hace personas exitosas, deberán prestar atención a sus altos niveles de preocupación, su gran debilidad, para poder lograr sus objetivos sin grandes tensiones corporales.

Prácticos y pacientes, su talento está en conocer sueños, propios y ajenos, para convertirlos en realidad.

¿CÓMO SON LOS NATIVOS CON LUNA EN VIRGO COMO CONSUMIDORES?

Con la Luna en Virgo, estos compradores buscan siempre una rebaja en los precios de los artículos que quieren comprar y muchas veces logran importantes descuentos. Por este motivo, suelen adquirir aquellos productos que están en oferta, ya sea por fuera de temporada o porque son de segunda selección.

También suelen utilizar descuentos que ofrecen las tarjetas de crédito y/o débito y asumen el rol de defensores de las marcas, ya que acostumbran a juzgar con base en la atención recibida.

ASTROLOGÍA KÁRMICA

Con la Luna en Virgo, son nativos con falta de confianza en sí mismos, con la consecuente carencia de autoestima. Con esta posición en su carta astral, necesitan dar énfasis a sus metas espirituales y aumentar las responsabilidades que están teniendo.

La fidelidad es su prueba kármica. Los debates y las discusiones laborales, estudiantiles o amorosas son puntos a evitar. Su desafío consiste en poner al otro en una posición más importante que la suya y dejar de lado su rigidez.

¿QUÉ CUENTO TE ESTÁS CONTANDO?

El arquetipo de la Luna en Virgo está regido por el cuento *Ricitos de Oro*. ¿Lo recordamos juntos?

Una pequeña familia de osos, mamá, papá y el bebé, vivía en el bosque. Los tres acostumbraban a dar un paseo familiar antes de tomar el desayuno. Un día, mientras estaban en pleno paseo, llegó una niña hasta su casa. Ella había estado juntando juncos en el bosque y se había topado con la casita de los osos.

A la niña, a quien llamaban Ricitos de Oro, por sus cabellos rubios y rizados como el oro, le llamó la atención la dulce y amena casa de los ositos, por lo que decidió echarle un vistazo.

Tras recorrer toda la casa, sentarse en los sillones y probar el desayuno que había preparado la mamá osa, se quedó dormida en la cama de osito bebé. Entonces llegaron los tres osos de su paseo y rápidamente se dieron cuenta de que alguien había entrado en su casa.

Fue el pequeño osito quien descubrió a Ricitos durmiendo y, justo en ese instante, la niña se despertó. Al ver a los tres osos delante de ella, se asustó, saltó de la cama y echó a correr lo más rápido que pudieron sus pies, hasta llegar a su casa, dejando atrás incluso sus zapatos.

REFLEXIÓN

«¡Pero qué casa tan bonita! ¿Quién vivirá en ella? Voy a echar un vistazo».

El valor del respeto a los demás y a su privacidad es la moraleja del cuento de los tres osos y Ricitos de Oro. El personaje interpreta a la buscadora, la exploradora que toda persona con Luna en Virgo tiene dentro de sí. Le atrae lo que no tiene: una familia. Es necesario encontrar un orden, una razón de ser.

FAMOSOS CON LUNA EN VIRGO

* Natalie Portman
* John Travolta
* Robert Redford

♈ ♉ ♊ ♋ ♌ ♍

LUNA EN LIBRA

«Nunca estamos solos, somos lobos que le aúllan a la misma Luna».

ATTICUS POETRY

- **Planeta regente:** Venus.
- **Canción:** *Jugo de luna* (2006), Gustavo Cerati.
- **Poema:** *La luna*, Jorge Luis Borges.
- **Diosa:** la diplomática.
- **Palabras claves a tener en cuenta:** armonía, compañía, belleza, arte, diplomacia, mediación.
- **Máxima:** la indecisión es el mayor ladrón de oportunidades.

LIBRA

Libra es el segundo signo del elemento aire. Pertenece a la modalidad cardinal, es masculino y positivo. Al igual que a Tauro, a Libra lo rige Venus.

Las personas con Luna en Libra son de carácter dulce, afectuoso y delicado, además de ser muy sociables. Siempre están en busca del equilibrio y la armonía, por ese motivo suelen ser excelentes mediadoras. Amantes de la paz y la concordia, tienen afán por complacer a todo el mundo. Tienen un gran sentido de la justicia. Estos nativos dudan y vacilan ante cualquier situación.

Tienen una inclinación artística muy marcada. Son cuidadosos en su manera de vestir, muy estéticos. Rechazan lo vulgar y lo grosero. Le dan una excesiva importancia al aspecto exterior. Gran necesidad de compañía, de uniones o asociaciones porque no saben estar solos. Por eso acostumbran a acomodarse a los deseos de los demás. Deben desarrollar la confianza en sí mismos y ser más autónomos.

Es muy difícil obtener una reacción fuera de lugar por parte de estos nativos. Son personas atentas y agradables a pesar de la tendencia a entrometerse demasiado en los asuntos ajenos.

Tienen una marcada sociabilidad y cordura. Aspiran al bienestar y a la consideración social.

En ellas predominan la simpatía, el refinamiento, la cortesía, el respeto y el pacifismo.

INFANCIA

Los niños con la Luna en Libra buscan estar todo el tiempo en compañía, ya sea de otros niños de su edad como de adultos.

Necesitan de la armonía y del equilibrio en todo lo que los rodea. Huyen de los conflictos y las peleas.

Tienen un innato sentido de la justicia. Generalmente, son perezosos y poco perseverantes.

FIGURA MATERNA

Los nativos con Luna en Libra suelen indicar a una madre o persona cuidadora que posee muy buen gusto, es afectuosa, sin ser posesiva, e inculca a sus hijos la necesidad de gustar con un fuerte sentido de la estética.

NECESIDADES

Las personas que nacen con esta Luna expresan sus necesidades con mucho cariño y dulzura. Se esfuerzan por adaptarse y gustar a los demás con el fin de ser aceptados.

Uno de sus problemas más comunes es la duda que los aturde en el momento de tomar decisiones importantes, por eso caen en la vacilación con facilidad y la mayoría de las veces necesitan apoyarse en la opinión de otros para tomar su propia decisión.

Evitan las confrontaciones directas, siendo pacifistas por naturaleza. Se sienten a gusto en los lugares sin ruidos, bien decorados, armoniosos y no les gustan las malas maneras, las groserías y la rudeza.

Tienen un fuerte miedo al descontrol emocional y a la violencia, por ello buscan continuamente el equilibrio.

¿QUÉ DEBEN DESARROLLAR?

DEBEN ABANDONAR LA ACTITUD DE SILENCIO O REPRESIÓN QUE LOS CONDUCE A GUARDAR RENCOR.

INSTINTOS Y EMOCIONES

Con la Luna en Libra, hay en estas personas una gran necesidad de gustar a los demás y causar buena impresión. Son personas diplomáticas y mediadoras.

Se relacionan con facilidad y muestran mucha delicadeza en su trato, lo que las lleva a tener una buena impresión ante los demás y les permite ganarse amistades con facilidad. La indecisión es su mayor problema.

EMOCIONES CONSTRUCTIVAS

* Agradecimiento
* Armonía
* Amor
* Ecuanimidad

EMOCIONES DESTRUCTIVAS

* Culpa
* Injusticia
* Indecisión
* Dependencia

La casa de las personas con Luna en Libra es muy armónica. Adoran decorarla cambiando todo el tiempo los objetos de lugar. Necesitan un comedor con espacio suficiente para invitar a su entorno social. Están en todos los detalles.

Los toques femeninos distinguidos, como flores, biombos con figuras de mujeres, cajas para guardar objetos de color rosadas, son ideales para las personas nacidas con la Luna en Libra.

Los imprescindibles en estos hogares son: flores, colores contrastantes, manteles con encaje, artículos de jade, balanzas y copas de cristal.

SI TU LUNA ESTÁ EN LIBRA Y TU SOL ESTÁ EN:

- ARIES: si sabes dónde te encuentras, sabrás adónde quieres dirigirte.
- TAURO: crea la vida que quieres sin huir de la que vives.
- GÉMINIS: ten presente que tus opiniones tendrán consecuencias.
- CÁNCER: necesitas adaptarte a las diferentes circunstancias.
- LEO: toda vivencia esconde una enseñanza que deberás incorporar.
- VIRGO: que el miedo no te frene.
- LIBRA: no vivas para los demás, hazlo por y para ti.
- ESCORPIO: lo que no avance en tu vida, es porque lo tienes que soltar.
- SAGITARIO: menos es más.
- CAPRICORNIO: hazte cargo de tu existencia y muévete si no te gusta dónde estás.
- ACUARIO: paciencia, hay cosas que que no suceden por algo.
- PISCIS: ponle voz a tu mundo interior.

Con la Luna en Libra, estos nativos afrontan el mayor problema al rechazar el conflicto; sobre todo los que tienen con ellos mismos. Suelen buscar consenso ante una situación problemática con los demás, ya que son excelentes mediadores, pero como no toleran su propia angustia utilizan a los demás para aliviarla.

La proyección es su mecanismo de defensa; la adjudicación de pensamientos, sentimientos o impulsos indeseados hacia otra persona. Ello constituye una falta de reconocimiento de los propios sentimientos.

ENCUENTRA TU PALABRA CLAVE

Observa esta sopa de letras con características propias de Libra. La primera palabra que descubras es tu palabra clave.

N	E	A	D	A	S	L	S	D	M	O	N	A
P	D	D	I	A	R	M	O	N	I	O	S	A
R	I	T	I	E	S	N	S	D	P	D	A	U
A	S	N	E	P	N	E	T	I	E	D	A	A
A	D	U	D	M	A	G	T	E	A	A	U	O
L	A	A	A	E	S	O	A	R	U	D	Y	E
I	C	A	A	V	C	C	B	A	C	E	P	O
L	L	X	E	M	E	I	L	R	D	I	I	D
D	O	E	A	S	L	A	S	E	A	D	A	I
V	I	E	C	I	S	D	A	A	E	D	D	I
N	O	D	U	Q	A	O	O	R	E	A	O	A
B	O	Q	E	D	A	R	N	N	N	A	S	T
R	E	A	T	R	E	A	O	A	O	I	A	E

ASTROLOGÍA PARA EMPRENDEDORES

Con la Luna en Libra, los nativos son inteligentes en las sociedades activas y se lucen como jugadores importantes en equipo. Sus talentos artísticos y creativos cuentan por encima de todas las áreas de sus vidas, aventajando a los demás, lo que hace del discernimiento su gran fortaleza. Pero deben saber sobrellevar sus momentos de indecisión para aligerar su mayor debilidad.

Necesitan a alguien fidedigno para compartir tanto las responsabilidades como los beneficios. Son demasiado refinados para jugar sucio, buscando siempre el *fair play*.

La consultoría en diversos temas es el emprendimiento más apropiado para este signo.

¿CÓMO SON LOS NATIVOS CON LUNA EN LIBRA COMO CONSUMIDORES?

Con la Luna en Libra, estos nativos son clientes que no tienen seguridad a la hora de realizar compras ni tampoco tienen una necesidad específica. Compran solo por el hecho de consumir, de adquirir o porque alguien de su círculo cercano tiene determinado producto y a ellos no les puede faltar.

ASTROLOGÍA KÁRMICA

Con la Luna en Libra, estas personas se preocupan demasiado por las demandas que los demás podrían ponerles o por las posibilidades de satisfacer las necesidades y deseos de los demás.

Es importante para ellos intentar ser un poco más persuasivos y arriesgados. La lección kármica para estos nativos es dejar a un lado la indecisión y aprender a no culpar a los demás de sus problemas.

¿QUÉ CUENTO TE ESTÁS CONTANDO?

El arquetipo de la Luna en Libra está regido por el cuento *La Cenicienta.* ¿Lo recordamos juntos?

Había una vez un hombre que, a pesar de haber perdido a su gran amor, volvió a enamorarse. Pero él no sabía que su nuevo amor era una mujer mala y arrogante. Aun así, se casaron y se fueron a vivir juntos.

El hombre tenía una hija, dulce, buena y hermosa. Su nueva esposa, dos hijas, tan arrogantes como ella.

Desde el principio las dos hermanas y la madrastra le hicieron la vida imposible a la muchacha. Le obligaban a llevar viejas y sucias ropas y a hacer todas las tareas de la casa. La pobre se pasaba los días barriendo el suelo, fregando los platos y haciendo las camas. Sin embargo, a pesar de todo, ella nunca se quejaba.

Sus hermanastras iban a acudir a un hermoso baile que daba el hijo del rey. Cenicienta, como la llamaban, les planchó los vestidos, las ayudó a vestirse y a peinarse. Cuando estuvo sola rompió en llanto por la tristeza de no poder ir al baile. Fue entonces cuando apareció su hada madrina y le dijo que podía solucionar la situación.

Cenicienta recorrió la casa en busca de lo que le pidió su madrina: una calabaza, seis lagartijas, una rata y seis ratones. Con un golpe de su varita los convirtió en un magnífico carruaje dorado tirado por seis caballos blancos inmaculados, un cordial cochero y seis serviciales criados. Y con un último golpe de varita convirtió sus ropas sucias en un magnífico vestido de oro y plata y cubrió sus pies con unos hermosos zapatitos de cristal.

Le recordó a Cenicienta que el hechizo se rompería a las doce de la noche, por lo que debía volver antes.

Cuando Cenicienta llegó al palacio se hizo un enorme silencio. Todos quedaron impresionados por su belleza mientras se preguntaban quién era esa enigmática princesa. El príncipe no tardó en darse cuenta de su presencia y la invitó a bailar. Desde ese mismo instante quedó hipnotizado por su hermosura.

Pero era mutuo, a Cenicienta le sucedía lo mismo y estaba tan embelesada bailando con él que no se dio cuenta del paso del tiempo. Al percatarse de ello, salió corriendo del palacio y en medio de su huida perdió uno de sus zapatos de cristal.

Días después, llegó a casa de Cenicienta un hombre enviado desde el palacio con el zapato de cristal. El príncipe había tenido una idea para encontrar a la dueña del zapato. Había dado orden de que se lo probaran todas las mujeres del reino hasta dar con la propietaria. Sus hermanastras también se lo probaron, con toda clase de esfuerzos, en vano; no lograron meter su pie en él. Cuando le tocó probárselo a Cenicienta todas comenzaron a reírse y a burlarse, porque pensaban que de ninguna forma podía ser ella la princesa que buscaban. Sin embargo, y para sorpresa de todos, el zapatito le quedó perfecto.

Así es que Cenicienta y el príncipe se casaron y fueron muy felices. La joven volvió a demostrar su bondad al perdonar a sus hermanastras y casarlas con dos señores de la corte.

REFLEXIÓN

«El que nunca arriesga, se pierde lo mejor».

La bondad de Cenicienta se muestra en el buen trato a sus hermanas, ofrece su cariño incondicional como un típico representante de la Luna en Libra.

También hay un deseo de ser salvada con ganas de dejar atrás la dependencia y dar un salto hacia la libertad. Hay una sensación de desamparo al huir de sí misma por aceptar demasiado lo que los demás le pidan.

FAMOSOS CON LUNA EN LIBRA

* Ariana Grande
* Leonardo Di Caprio

LUNA EN ESCORPIO

«Todo hombre es como la Luna, con una cara oscura que a nadie enseña».

MARK TWAIN

- **Planeta regente:** Plutón.
- **Canción:** *Luna cautiva* (2000), Soledad.
- **Poema:** *A la Luna*, Johann Wolfgang Von Goethe.
- **Diosa:** la sanadora.
- **Palabras claves a tener en cuenta:** profundidad, intensidad, crisis, replantamientos, regeneración, transmutación.
- **Máxima:** tenle miedo a la vida no vivida.

ESCORPIO

Escorpio es el segundo signo del elemento agua. Es un signo negativo, femenino y de modalidad fija regido por el planeta Plutón, que les otorga a sus nativos fuerza, intensidad y gran determinación. Es una energía tenebrosa, magnética y apasionada.

Las personas con esta Luna no soportan las cosas a medias: lo quieren todo o nada. Son extremistas y se guían por su instinto. Tienen una energía muy particular, de mucha intuición u olfato, junto a una voluntad de hierro, son activas y ardientes a la vez, se dejan influenciar por su sexto sentido.

Estos nativos son absorbentes, celosos y misteriosos, su hermetismo los vuelve difíciles de descifrar. Sus propias crisis con actitudes destructivas les sirven para regenerarse, pero son personas que pueden provocar tironeos, abandonos y hechos dramáticos.

A su vez, son carismáticas, amantes del poder, sensuales y dominantes. También son personas obstinadas, les gusta controlar todo, y si no logran sus objetivos se vuelven resentidas y melancólicas.

Poseen una fuerte carga erótica. La vida sin pasión, para ellas, no tiene sentido. Son personas que están siempre alerta, con gran capacidad de sobrevivir a situaciones límite. Tienen un temperamento sumamente apasionado con necesidad de transformaciones cíclicas. Su fuerza inconsciente es demasiado potente como para ser contenida.

En ellos predominan la tenacidad, la manipulación, el control, el poder, la obstinación y la autosuficiencia.

INFANCIA

Los niños con la Luna en Escorpio tienen una gran entereza de carácter. Son sinceros, rechazan las mentiras y las falsedades.

Además, demuestran una personalidad muy fuerte. Les gusta resolver enigmas y aclarar misterios, juegan a los detectives.

Suelen ser drásticos y tajantes. Son pequeños muy espontáneos.

FIGURA MATERNA

Los nativos de esta Luna suelen vivenciar a una madre o persona cuidadora muy controladora e intensa. Es una madre abnegada y manipuladora. Saben mantener situaciones de alto impacto emocional.

NECESIDADES

Sus necesidades son profundas y muy duraderas. Son personas celosas y muy posesivas. Quieren compartir todo y en todo momento con las personas que aman. Pueden caer en la manipulación y en la dominación a través de sus emociones.

Actuar con moderación, paciencia y comprensión evitará que entren en una espiral.

Tienden a imponerse y a dominar a las personas que están a su alrededor. Además, poseen un fuerte deseo de transformar su vida.

¿QUÉ DEBEN DESARROLLAR?

EL APRENDER A PERDONAR Y A OLVIDAR PARA PODER VIVIR CON MÁS LIBERTAD Y ARMONÍA SU FUTURO.

INSTINTOS Y EMOCIONES

Los nacidos con la Luna en Escorpio son sumamente apasionados. Resultan ser muy exigentes, ya que creen que pueden recibir en la misma medida que dan.

Son extremistas, quieren todo o nada, no van con medias tintas. Intensos, pasionales y sexuales. Necesitan sentir que tienen el control y el poder sobre los demás. Pueden llegar a ser obsesivos con cada cosa que se propongan.

Viven emociones muy intensas, profundas y es necesario que encuentren canales adecuados para expresarlas. Tienen que aprender a moderarse y a aceptar a los demás tal como son. Deben evitar las actitudes egoístas, tiránicas o bruscas.

Tienen la posibilidad de regenerarse y reponerse completamente de cualquier crisis que atraviesen.

EMOCIONES CONSTRUCTIVAS

* Intensidad
* Integridad
* Fervor
* Pasión

EMOCIONES DESTRUCTIVAS

* Remordimiento
* Vehemencia
* Rencor
* Despecho

EL HOGAR

La casa de las personas con Luna en Escorpio puede estar pintada con tonos intensos. Una opción sería el color escarlata para el comedor principal o un azul para el estudio o escritorio del hogar. El mobiliario de madera oscura combina muy bien con su personalidad. En la cocina, ollas de *fondue* eléctricas y refrigeradores específicos.

Los imprescindibles en estos hogares son: velas aromáticas, rompecabezas, materiales sintéticos, grifería con animales (sapo, dragón, serpientes), objetos de colores oscuros.

SI TU LUNA ESTÁ EN ESCORPIO Y TU SOL ESTÁ EN:

- ARIES: vive la vida de tus sueños.
- TAURO: salda la deuda contigo mismo.
- GÉMINIS: no malgastes tu tiempo.
- CÁNCER: no todo es lo que parece.
- LEO: piensa antes de dar un paso.
- VIRGO: vive tus deseos, no tus miedos.
- LIBRA: si reconoces tu potencial, el éxito es tuyo.
- ESCORPIO: la culpa siempre es del otro.
- SAGITARIO: no mires atrás.
- CAPRICORNIO: lo que es para ti, te encontrará.
- ACUARIO: una acción lo cambia todo.
- PISCIS: no hagas las cosas a medias.

MECANISMOS DE DEFENSA

Con la Luna en Escorpio, las personas tienen el problema de la intensidad, sobre todo cuando no se obtiene lo que se desea. La rabia puede destruir todo en su camino. Usan sus poderes de manipulación e investigación para crear un aura de miedo y fascinación para alterar su entorno.

La formación reactiva es su mecanismo de defensa. Convertir pensamientos no deseados o peligrosos en sus contrarios; actuar con el sentimiento o impulso opuesto para lidiar con su angustia. Estos nativos siempre se manejan con los extremos: todo o nada.

ENCUENTRA TU PALABRA CLAVE

Observa esta sopa de letras con características propias de Escorpio. La primera palabra que descubras es tu palabra clave.

S	A	N	E	A	P	I	L	S	I	I	R	C
B	O	P	E	S	L	R	T	A	V	A	O	I
B	E	X	T	R	E	M	I	S	T	A	E	N
C	I	O	R	C	A	S	R	S	S	T	L	T
S	T	A	B	E	C	S	L	O	E	A	R	E
A	S	S	E	S	A	A	I	S	N	E	R	N
T	M	B	T	A	E	R	R	O	A	T	O	S
M	O	S	A	D	E	S	I	R	S	O	R	A
A	A	M	E	T	M	S	I	I	P	A	I	P
A	E	N	S	A	A	S	E	V	S	A	O	N
N	A	I	E	P	E	O	M	M	A	G	O	A
E	M	S	C	C	E	L	O	S	A	V	U	L
E	E	N	R	F	O	O	E	N	T	I	A	N

ASTROLOGÍA PARA EMPRENDEDORES

Con la Luna en Escorpio, los individuos son sumamente intensos, hacen todo al extremo. Se comprometen sinceramente con un proyecto y ponen su cuerpo y alma en asegurar su éxito.

Una misión profunda y significante los inspira. Son personas determinadas, sutiles, proteccionistas, celosas y poderosas. Deberán saber potenciar la focalización que los caracteriza sin caer en su mayor debilidad: la obsesión.

Simbolizado por el ave fénix que renace de las cenizas, Escorpio, así, define su increíble habilidad de regenerar situaciones aparentemente desastrosas en el momento oportuno.

¿CÓMO SON LOS NATIVOS CON LUNA EN ESCORPIO COMO CONSUMIDORES?

Con la Luna en Escorpio, son compradores que se basan en sus propias necesidades, es decir, que eligen productos específicos y, en general, adquieren los mismos productos: igual producto, igual marca.

Tienen una intención específica para comprar un artículo determinado y disponen de información sobre dónde encontrar el mejor precio.

ASTROLOGÍA KÁRMICA

Con la Luna en Escorpio, estos nativos deben aprender a finalizar lo que han empezado. Estas personas tienen el hábito de aferrarse a sus cosas y posesiones para lograr seguridad, pudiendo controlar exageradamente situaciones y/o personas y, en consecuencia, dificultades futuras. La crisis es algo que temen demasiado.

Al ser obsesivas, su lección kármica es poder estar presentes más allá de la naturaleza compulsiva de sus deseos.

¿QUÉ CUENTO TE ESTÁS CONTANDO?

El arquetipo de la Luna en Escorpio está regido por el cuento *Blancanieves y los siete enanitos.* ¿Lo recordamos juntos?

Mientras cosía, un día de invierno, la reina se distrajo viendo los copos de nieve a través de su ventana. Tanta fue su distracción que se pinchó un dedo y unas gotitas de sangre cayeron de él. En ese instante pensó que le encantaría tener una hija así: blanca como la nieve, sonrosada como la sangre y con largos cabellos negros.

Pasó el tiempo y su deseo se cumplió: dio a luz a una preciosa niña. Y, aunque su madre murió en el parto, a la niña la llamaron Blancanieves.

Años más tarde, su padre se casó de nuevo. La nueva reina era, además de bella, envidiosa y orgullosa. En sus aposentos tenía un espejo mágico al que acudía diariamente para preguntarle:

—Espejito, espejito, ¿no soy yo la más bella?

Y el espejo siempre respondía lo mismo:

—Sí, mi reina. Tú eres la más bella.

Sin embargo, cuando Blancanieves fue creciendo, el espejo cambió su respuesta:

—No, mi reina. Ahora Blancanieves es las más bella.

Al oír esta afirmación, la reina se enfadó muchísimo y se llenó aún más de envidia y odio hacia la muchacha. Tomó la decisión de ordenarle a un cazador que la llevara al bosque para matarla. Para confirmar que cumpliría su orden, le pidió que le trajese su corazón.

El cazador se llevó a la niña, pero estando en el bosque la miró, le dio pena y ternura y no fue capaz de arrebatarle la vida. En cambio, cazó a un pequeño jabalí, y le sacó el corazón para llevárselo a la malvada reina. Blancanieves, temerosa, sola y sin saber a dónde ir, corrió por el bosque hasta llegar a una casita pequeña y se refugió en ella.

Le llamó la atención todo lo que había en su interior, el tamaño diminuto de todas las cosas que se iba encontrando. En la mesa había siete platitos, siete tenedores, siete cucharas, siete cuchillos y siete vasitos. La niña estaba tan hambrienta y cansada que se dedicó a probar un bocado de cada plato y, luego, buscó dónde descansar: una habitación con siete camitas. Fue probando cada una de ellas hasta que se quedó dormida plácidamente.

Los dueños de la particular casa, unos enanitos que trabajaban en la mina del lugar, regresaron bien entrada la noche. Al llegar se percataron de que alguien había estado allí, comiendo de sus platos y tocando sus cosas. La sorpresa fue mayor cuando entraron en su habitación. Los siete se quedaron con la boca abierta y los ojos como platos al ver a Blancanieves, tan bella, dormida. Decidieron no despertarla para que descansara tranquila.

A la mañana siguiente, la niña fue interrogada por los enanitos. Les contó su historia y cómo había llegado hasta allí. Sus nuevos amiguitos le ofrecieron quedarse en su casa, pero le advirtieron que tuviera mucho cuidado, que no le abriese la puerta a nadie cuando estuviera sola. La reina podría enterarse de su paradero y mandar a matarla nuevamente.

Mientras tanto, en el castillo, la madrastra, convencida de que Blancanieves estaba muerta, se plantó ante su espejo y repitió la pregunta habitual:

—Espejito, espejito, ¿no soy yo la más bella?

El espejo respondió:

—Mi reina, tú eres una estrella, pero lamento decirte que Blancanieves sigue siendo la más bella.

La reina estalló de furia, y utilizando sus poderes descubrió dónde se escondía la pequeña.

Rápidamente ideó un plan: vestirse con harapos y envenenar una manzana; así, se dirigió hacia la casa de los enanitos para engañar a Blancanieves.

Cuando llegó, llamó a la puerta, pero la niña no abrió.

La malvada madrastra se mostró como una pobre anciana que solo quería venderle una manzana, le ofreció dejarla afuera y marcharse. Blancanieves, por unos instantes, dudó sobre qué hacer, pero pensó que la anciana sería inofensiva. Abrió la puerta, tomó la manzana y le dio un mordisco. De repente, cayó al suelo y allí quedó inmóvil. La reina, escondida tras un arbusto, lo observó todo y se marchó feliz, había logrado su cometido. Solo quería llegar al castillo, plantarse frente al espejo y repetir la pregunta habitual. Ahora seguro que oiría la respuesta deseada.

—Espejito, espejito, ¿no soy yo la más bella? —preguntó de nuevo la reina.

—Sí, mi reina. De nuevo tú eres la más bella —le respondió el espejo.

Los enanitos llegaron a la casa y se encontraron con Blancanieves desvanecida en el suelo; intentaron reanimarla pero no lo lograron. Blancanieves estaba muerta.

Muy a su pesar, decidieron que ya no se podía hacer nada para revivirla. Entonces, fabricaron una caja de cristal, la colocaron allí y la velaron en el bosque durante mucho tiempo.

Un día, pasaba por allí un príncipe que se detuvo a observar a la muchacha. Le llamó la atención tanta belleza y se enamoró al instante. Les preguntó a los enanitos si podía llevársela con él a su castillo, para cuidarla y venerarla. Ellos dudaron sobre la propuesta, no querían separarse de Blancanieves, pero finalmente accedieron y con mucho cuidado prepararon todo para transportarla.

Entre varios hombres del príncipe tomaron el cajón de cristal, pero lo hicieron torpemente, tanto que tropezaron y se les cayó de las manos. El golpe fue tan duro que el bocado de manzana que había probado la muchacha salió despedido. En este instante, Blancanieves abrió sus ojos, ante el asombro de todos los que la rodeaban.

—¿Dónde estoy? ¿Qué ha pasado? ¿Quién eres tú? —preguntó desorientada Blancanieves.

—Estás sana y salva, por fin. Tranquila. Me siento el hombre más afortunado del mundo por haberte encontrado —contestó ilusionado el príncipe.

Blancanieves y el príncipe se convirtieron en marido y mujer y vivieron felices en su castillo.

REFLEXIÓN

«Recuerda: tú eres la única persona que puede llenar el mundo con un amanecer».

La reina es una hija destronada que debe sanar las heridas de su progenitor ausente. La envidia es su gran debilidad y el cuento muestra el significado de este valor tan negativo.

Pero, a su vez, también muestra valores positivos, como la generosidad y la bondad, a través de los personajes de los siete enanitos, que acogen a Blancanieves sin conocerla y cuidan de ella.

FAMOSOS CON LUNA EN ESCORPIO

* Lady Gaga
* Miley Cyrus

LUNA EN SAGITARIO

«Puedes ser la Luna y aun así estar celoso de las estrellas».

GARY ALLAN

- **Planeta regente:** Júpiter.
- **Canción:** *Luna tucumana* (1957), Atahualpa Yupanqui.
- **Poema:** *Hombre que mira la luna*, Mario Benedetti.
- **Diosa:** la generosa.
- **Palabras clave a tener en cuenta:** optimismo, expansión, idealismo, aventura, abundancia, dogmatismo.
- **Máxima:** nunca te des por vencido.

SAGITARIO

Esta Luna está en el tercer y último signo del elemento fuego: Sagitario. Signo positivo, masculino, de modalidad mutable y regido por el planeta Júpiter, denominado "el benéfico mayor"

Las personas nacidas en esta Luna son optimistas, extrovertidas, muy entusiastas y alegres. Adoran las aventuras, los riesgos y los viajes. Tienen un gran sentido del humor. Irradian amor por la vida y les cuesta adaptarse a la austeridad. De todo quieren más, por eso se las juzga de exageradas.

La virtud correspondiente es saber frenar a tiempo, saber limitarse. El exceso o lo innecesario es un comportamiento destructivo.

Son idealistas y saben disfrutar de los buenos momentos de la vida. Tienen mucha vida vivida en innumerables experiencias. Hay en ellas un fuerte deseo por la libertad, el deporte y la aventura.

Los aspectos a trabajar fundamentalmente son el descuido, la falta de profundización y el excesivo movimiento. Tienen un profundo deseo de movimiento, con ganas de cambiar de ambiente de forma permanente y una marcada necesidad de explorar y atravesar límites.

Las personas que tienen la Luna en este signo en su carta astral son joviales, cordiales y sumamente ingeniosas, francas y honradas. Además de ser muy benevolentes, respetan las ideas y convicciones ajenas.

A través de su curiosidad y capacidad de estudio van adquiriendo sabiduría. Sienten atracción por la filosofía, la religión y la cultura.

En ellas predominan el idealismo, la vigorosidad, la alegría, el optimismo y la apertura.

INFANCIA

Los niños con la Luna en Sagitario suelen sentir amor por los animales y la vida al aire libre.

No le tienen miedo a nada, trepan a todos los árboles y les apasiona practicar deportes de alto riesgo. Si tienen que hacer una nueva actividad, dicen sí sin saber de qué se trata, la aceptan solo porque es diferente a lo hecho hasta el momento. Muchas veces, esta audacia se suele transformar en imprudencia.

Son personas optimistas, simpáticas y autónomas, que transmiten y contagian su entusiasmo a quienes las rodean. No suelen enfadarse.

FIGURA MATERNA

Los nativos de esta Luna suelen indicar a una madre o persona cuidadora muy positiva que transmite a sus hijos una imagen confiable del mundo exterior y una necesidad interior de buscar nuevos horizontes, siempre.

Es una madre un tanto permisiva que impulsa su salida al mundo con total libertad.

NECESIDADES

Sus necesidades están basadas en la expansión y en hacer actividades que los hagan felices. Estos son sus mayores dones.

Las personas nacidas con esta Luna no soportan las actividades aburridas, muy estáticas o monótonas. Se despiertan cuando sienten que pueden perder lo que quieren, pero también tienen presente que cuando lo obtienen pierden el interés con facilidad. Sienten una gran curiosidad y se ven muy atraídas por las situaciones novedosas, de conquista o de aventura.

Son amantes de los viajes, sobre todo para calmar la necesidad de expandir sus horizontes. Frente a los problemas pueden caer en actitudes de procrastinación o de falta de compromiso.

Hay en estas personas un profundo deseo de expandirse y vencer sus límites actuales.

¿QUÉ DEBEN DESARROLLAR?

TIENEN QUE EVITAR CAER EN EL DOGMATISMO, LA EXTRALIMITACIÓN O LA AUTOINDULGENCIA.

INSTINTOS Y EMOCIONES

Las personas con la Luna en Sagitario no soportan sentirse atadas o con falta de libertad. No les gusta que les impongan límites. Ven la vida con alegría y no se dejan vencer por los problemas.

Muestran buen humor y gozan de popularidad con las personas de su entorno. La suerte y el éxito las acompañan gracias a su actitud optimista que les ofrece protección y la ayuda necesaria para atravesar cualquier crisis.

EMOCIONES CONSTRUCTIVAS

* Motivación
* Deleite
* Diversión
* Fe

EMOCIONES DESTRUCTIVAS

* Prepotencia
* Insaciabilidad
* Superioridad
* Soberbia

EL HOGAR

La casa de las personas con Luna en Sagitario puede ser radiante. La energía y el entusiasmo de estas personas para los proyectos decorativos puede permitirles ahorrar dinero evitando contratar a decoradores.

Estos nativos suelen incluir artículos de sus viajes, como máscaras, jarrones, mapas y valijas decorativas. En su casa no faltará una sala de juegos de mesa para disfrutar en compañía de amigos.

Los imprescindibles en estos hogares son: objetos religiosos, caballos de madera, artículos deportivos, productos extranjeros.

SI TU LUNA ESTÁ EN SAGITARIO Y TU SOL ESTÁ EN:

* ARIES: objetivos compartidos.
* TAURO: propuestas aceptadas.
* GÉMINIS: ideas audaces.
* CÁNCER: creatividad acentuada.
* LEO: momentos de reflexión
* VIRGO: coincidencias oportunas.
* LIBRA: confianza.
* ESCORPIO: capacidad de acción.
* SAGITARIO: voluntad.
* CAPRICORNIO: poder de convicción.
* ACUARIO: superación de dudas.
* PISCIS: energía por doquier.

MECANISMOS DE DEFENSA

Con la Luna en Sagitario, el problema de estos nativos es su excesiva benevolencia hasta el extremo de ser fácilmente manipulados por otros, ya que son muy crédulos. Cuando reconocen esta situación, se angustian.

La sublimación es su mecanismo de defensa: remitir los malos impulsos en acciones socialmente aceptables. Pueden llevarlo a cabo con humor, herramienta que siempre utilizan los nativos con Luna en Sagitario.

Tales impulsos inaceptables o dañinos se enfocan productivamente ayudando a estas personas a encauzar su energía que, por otro camino, se perdería o se usaría de una manera que podría causarles aún más angustia.

ENCUENTRA TU PALABRA CLAVE

Observa esta sopa de letras con características propias de Sagitario. La primera palabra que descubras es tu palabra clave.

O	S	N	A	T	E	S	O	R	B	N	O	N
D	A	R	A	R	R	E	A	N	R	D	N	P
E	S	E	O	C	N	T	N	S	B	O	I	T
E	T	A	C	P	S	R	T	A	T	C	D	N
T	U	I	A	E	T	T	R	I	L	A	E	C
E	O	G	N	D	F	I	M	R	O	C	A	O
C	H	O	E	L	C	A	M	L	T	E	L	N
T	H	G	S	Y	N	R	M	I	S	M	I	F
I	E	H	N	A	S	U	A	O	S	T	S	I
O	N	S	S	M	A	A	A	T	S	T	T	A
T	T	A	V	E	N	T	U	R	E	R	A	D
E	F	Q	I	L	I	B	R	E	D	A	O	A
R	A	E	D	T	T	A	I	O	R	A	R	I

ASTROLOGÍA PARA EMPRENDEDORES

La Luna en Sagitario es el clásico signo del empresario, debido a su habilidad de pensar en grande y tener la visión de acoplarla con su optimismo ilimitado. Atraen mágicamente la buena suerte aprovechando las oportunidades que les llegan como regalo del cielo. Su mayor fortaleza, el entusiasmo por vivir la vida, los guía hacia nuevas experiencias. Por otro lado, deberán aprender a sobrellevar su debilidad: la hipocresía.

Sus herramientas son un fuerte intelecto, pensamientos con lúcidos procesos y una curiosidad incesante sobre el mundo en el que viven.

La ética, moralidad, política, filosofía o religión son otras de sus fortalezas, estando siempre listos para recibir nuevas oportunidades comerciales.

¿CÓMO SON LOS NATIVOS CON LUNA EN SAGITARIO COMO CONSUMIDORES?

Con la Luna en Sagitario, los consumidores son entusiastas en el momento de gastar sus ingresos. A su vez, son personas exigentes con la calidad del producto y la atención recibida por parte del vendedor. Deseosos de probar nuevos productos, buscan novedades, aunque de marcas reconocidas.

Suelen tener fijación de consumo ante ciertos productos, lo que los lleva a comprometerse firmemente en la adquisición del objeto.

ASTROLOGÍA KÁRMICA

Con la Luna en Sagitario, el problema que desafía a estos nativos es el compromiso.

Estas personas deben trabajar más sus habilidades comunicativas e intentar mirar la vida desde una perspectiva más expansiva, compartiendo conocimientos y experiencias ajenas. Otro gran desafío es desarrollar la tolerancia experimentando los aspectos más agraciados de su vida.

¿QUÉ CUENTO TE ESTÁS CONTANDO?

El arquetipo de la Luna en Sagitario está regido por el cuento *Alicia en el país de las maravillas.* ¿Lo recordamos juntos?

Alicia jugaba con su hermana en el río, cuando de repente pasó a su lado un conejo con un chaleco puesto. La niña, curiosa, lo siguió hasta una madriguera y entró allí con él. Cayó por un largo pozo hasta que, de repente, apareció en una sala rodeada de puertas y con una mesita en el centro, con una llave dorada. La tomó e intentó abrir cada una de las puertas. Finalmente, dio con la correcta. Al abrirla, al otro lado se encontró con un precioso jardín. Sin embargo, la puerta era demasiado pequeña para que ella pudiera cruzarla. Siguió mirando a su alrededor y encontró una botella con una etiqueta que decía: «bébeme».

Bebió un poco y empezó a hacerse tan pequeña que ya era capaz de cruzar la puerta. El problema, ahora, era que la llave había quedado sobre la mesita y debido a su tamaño no llegaba a alcanzarla. Nuevamente, mirando a su alrededor, encontró una caja con un pastel, con una nueva indicación: «cómeme». Alicia así lo hizo. Esta vez, el efecto causado fue que empezó a crecer y crecer, llegó casi a los tres metros de altura y se golpeó la cabeza con el techo de la habitación. Un nuevo problema se había creado, no podía cruzar hacia el jardín debido a su gran tamaño. Esto la puso triste y comenzó a llorar.

Pasó un ratito y apareció por allí el conejo blanco al que había perseguido antes. Este tenía un par de guantes blancos en una mano y un gran abanico en la otra. Mostraba una gran preocupación porque la duquesa estaba esperándolo y él no quería retrasarse más. En medio de su preocupación, empezó a correr atolondradamente, de tal forma que perdió sus guantes y el abanico sin darse cuenta. Alicia, quien sentía mucho calor en aquel lugar, tomó el abanico y comenzó a abanicarse con él. Se dio cuenta de que volvía a encogerse como antes, entonces lo arrojó rápidamente antes de que fuese demasiado tarde.

Cuando intentó de nuevo tomar la llave de la mesita, se resbaló y se cayó. Apareció de repente en medio de un mar de agua salada. Aunque verdaderamente no era agua salada, ¡eran sus propias lágrimas que habían llegado a formar un estanque!

Como por arte de magia, el estanque comenzó a llenarse de gran variedad de animales: un ratón, pájaros, patos, un dodo… Todos empezaron a nadar juntos y lograron llegar hasta la orilla del estanque. En ese momento el dodo, para que todos se secaran, propuso un divertido juego: correr en círculo, cada uno a su antojo, para detenerse cuando quisieran. Alicia pensó que era un juego un poco extraño, pero como todos ganaban le pareció divertido.

Alicia continuó sus aventuras en el país de las maravillas. De esta forma, también conoció al Sombrerero, al gato Cheshire, a la Falsa Tortuga y también al Grifo, un animal fantástico, mitad águila, mitad león.

Un día, el conejo blanco hizo sonar tres veces la trompeta y expuso en voz alta que la Reina de Corazones había preparado unas tartaletas en un día de verano y la Jota de Corazones se las había robado. Se armó un gran revuelo en la sala y empezaron a declarar los testigos. Primero, habló el Sombrerero, tras él lo hizo la cocinera de la Duquesa, y, luego, anunciaron que la siguiente testigo en declarar sería la mismísima Alicia, quien quedó sumamente sorprendida al oír que la llamaban. Al levantarse había crecido tanto que volcó un banco de la sala, y con él, a todos los animales que estaban allí sentados.

La muchacha dijo no saber nada del asunto de las tartaletas. El juicio continuó y cuando la Jota estaba a punto de ser condenada,

Alicia intervino en su ayuda. La reina aclamaba que le cortaran la cabeza y señalaba con fuerza a la niña. Entonces toda la baraja se elevó por el aire y cayó sobre Alicia de tal forma que la asustó.

—¡Alicia, despierta! Hace horas que estás durmiendo —dijo su hermana.

—¿Eh? ¿Cómo? Ah, sí… He soñado tanto y ha sido todo tan extraño —contestó la pequeña. Y comenzó a relatarle a su hermana todo lo que había vivido en su sueño estando en el país de las maravillas. Luego, Alicia se levantó y salió corriendo del lugar. Su hermana se quedó sola y pensando en las historias de Alicia. Así, se quedó dormida hasta que ella también empezó a soñar. En su sueño vio a los mismos personajes que había visto su hermana: al conejo blanco, al ratón cruzando el estanque, a la Falsa Tortuga, a la Liebre de marzo tomando el té, y a la Reina de Corazones condenando a muerte a sus invitados.

Despertó y se puso a pensar nuevamente en su hermana, en cuán rápido estaba creciendo y en que pronto se haría mayor. Sin embargo, seguramente, Alicia seguiría contando historias maravillosas a otros niños recordando con ellas sus felices días de infancia.

REFLEXIÓN

«Estás completamente loco, pero te diré un secreto: las mejores personas lo están».

Alicia, una niña sumamente inocente, muestra a través de este cuento la importancia de atreverse a soñar. Su ingenuidad, unida a su ingenio, demuestra que es capaz de salir airosa de las más complicadas situaciones.

El relato también habla de la justicia.

FAMOSOS CON LUNA EN SAGITARIO

* Stephen King
* Al Pacino

♎ ♏ ♐ ♑ ♒ ♓

LUNA EN CAPRICORNIO

«Apunta a la Luna. Incluso si fallas, aterrizarás en las estrellas».

LES BROWN

- **Planeta regente:** Saturno.
- **Canción:** *Tonada de luna llena* (1994), Caetano Veloso.
- **Poema:** *Luna congelada*, Mario Benedetti.
- **Diosa:** la ambiciosa.
- **Palabras claves a tener en cuenta:** rigidez, excelencia, exigencia, resistencia, ambición, organización.
- **Máxima:** sin esfuerzo, no hay recompensa.

CAPRICORNIO

Capricornio es el tercer y último signo del elemento tierra. Es un signo negativo, femenino, de modalidad cardinal y es regido por el planeta Saturno.

Astrológicamente hablando, en este signo la Luna se encuentra en exilio. Las personas con esta Luna son prácticas, realistas, con grandes dotes de mando y de organización. Suelen ser bastante ambiciosas: hasta la cima no paran; y su afán es llegar a la cumbre.

Se preocupan mucho por su futuro material, profesional y económico. Son muy trabajadoras, casi adictas al trabajo, ya que les gusta conseguir la independencia por sus propios medios sacrificando en muchos casos la dedicación a su familia.

Son muy conscientes de sus deberes y obligaciones. Tienen mucho autocontrol en lo cotidiano. Saben reaccionar con firmeza ante los acontecimientos de la vida.

En el plano sentimental bloquean la dificultad de expresión. Las emociones no ocupan un lugar prioritario, al contrario, se pueden mostrar distantes e indiferentes. Su mayor miedo es depender de los demás y esto provoca que repriman su sensualidad. Se relacionan de una forma tranquila, recta, metódica, concreta y precisa. Pueden sentirse atraídas por parejas mayores o maduras.

Muy tenaces, persistentes, actúan con firmeza hasta las últimas consecuencias. Son muy exigentes, responsables, perfeccionistas y algo rígidas. Prefieren actuar de manera solitaria, ya que están acostumbradas a autoabastecerse. Su naturaleza cautelosa hace que tengan una fuerte sensación de autosuficiencia.

El principal defecto de estos nativos es la indiferencia. La posición social, la carrera y el éxito juegan un rol protagonista en sus vidas.

En ellos predominan la ambición, el esfuerzo, la organización, la discreción, la avaricia y la tozudez.

INFANCIA

Los niños con Luna en Capricornio son sumamente reservados, realistas y responsables para su edad. Suelen parecer tener más años de los que en realidad tienen.

Son prudentes, metódicos y cumplidores, sobre todo en los estudios. Transmiten mucha seriedad y confianza a los demás. Les gusta asumir responsabilidades sin que estas los asfixien.

FIGURA MATERNA

Los nativos con Luna en Capricornio crecen con la idea de hacerse responsables de su propio destino, estando a la altura de las exigencias y siendo capaces de mantenerse a sí mismos. La figura de la madre suele ser muy imponente y severa.

La expresión de afecto entre madre e hijo es mínima, solo lo indispensable. Ella se suele mostrar distante, reservada y fría, mientras el hijo se acostumbra a no necesitar más que lo imprescindible. Con el tiempo se habitúa a minimizar sus demandas.

Sienten que para que los quieran realmente tienen que hacer algo, que nadie los va a querer por lo que son. El afecto se gana con esfuerzo y dedicación, llega a ser su creencia. Por eso, se descolocan ante el afecto y tienen miedo a perder el control.

NECESIDADES ✓

Las personas que nacen con esta Luna solo necesitan sentir que cumplen seriamente sus objetivos, así son felices. No son expresivas con sus emociones, aunque estas sean intensas o profundas.

Sienten una profunda soledad interior que necesitan llenar con muchas actividades y responsabilidades.

En su vida hay tendencia a la melancolía, a sentir bajones anímicos y al aislamiento social. Necesitan trabajar sobre sus represiones internas, desarrollando más confianza en su mundo emocional, sin esperar reconocimiento ni aprobación por parte de los demás.

También necesitan encontrar soluciones a cada problema, porque saben que lo consiguen. Capricornio manifiesta una fuerte necesidad de tener poder y control sobre su vida.

¿QUÉ DEBEN DESARROLLAR?

NECESITAN SOLTAR EL CONTROL DE CADA SITUACIÓN.

Estos nativos nunca se toman los sentimientos a la ligera. Son muy rigurosos y retraídos, mostrando una aparente frialdad, sin dejar que sus emociones los lleven a desbordes o a tomar decisiones precipitadas. Adoran la soledad para poder disfrutar de su propia compañía.

Son personas que sienten que la vida es un tanto difícil, por la gran cantidad de responsabilidades que asumen. Existen inhibiciones emocionales, falta de seguridad personal y miedo a la frustración.

EMOCIONES CONSTRUCTIVAS

* Sensatez
* Cautela
* Responsabilidad
* Compromiso

EMOCIONES DESTRUCTIVAS

* Soledad
* Desánimo
* Añoranza
* Retraimiento

EL HOGAR

La casa de las personas con Luna en Capricornio puede ser casi perfecta. Al ser exigentes con todo, la decoración no será la excepción a la regla.

Estas personas buscan géneros de suma calidad para tapizar sillones. Usan sábanas de algodón egipcio y acolchados de *duvet*.

Quienes tienen esta energía lunar tienen gustos caros, pero simples. Adoran coleccionar objetos antiguos.

Los imprescindibles en estos hogares son: objetos de cuero, de barro y/o arcilla, carbón, paredes de ladrillo a la vista, organizadores de escritorio, sillón con capitoné.

SI TU LUNA ESTÁ EN CAPRICORNIO Y TU SOL ESTÁ EN:

* ARIES: revoluciona tu vida.
* TAURO: vuela alto sin miedo.
* GEMINIS: confía.
* CÁNCER: disfruta lo que haces.
* LEO: potencia tus fortalezas.
* VIRGO: ansía seguridad.
* LIBRA: no pierdas tu norte.
* ESCORPIO: conecta con tu pasión.
* SAGITARIO: haz las cosas sin avisar.
* CAPRICORNIO: no dejes que el estrés gobierne tu vida.
* ACUARIO: la acción es la base de todo éxito.
* PISCIS: no justifiques tus miedos.

MECANISMOS DE DEFENSA

Con la Luna en Capricornio, el problema de las personas con esta energía es su inflexibilidad ante la vida. Tienden a ser pesimistas y, ante los obstáculos, hasta fatalistas.

La represión es su mecanismo de defensa: el bloqueo inconsciente de recuerdos, sentimientos e impulsos inaceptables o indeseados.

Las cabras deben recordar que los contenidos rechazados no llegan a destruirse a través de este mecanismo, sino que corren el peligro de somatizar su cuerpo. El organismo siempre habla a través de un accidente, una dolencia o una enfermedad.

ENCUENTRA TU PALABRA CLAVE

Observa esta sopa de letras con características propias de Capricornio. La primera palabra que descubras es tu palabra clave.

L	E	P	R	O	D	U	C	T	I	V	A	R
R	P	S	O	P	E	M	S	E	A	A	E	E
I	C	E	P	E	T	D	O	E	T	L	T	R
N	O	E	T	C	E	A	B	D	B	N	D	E
S	R	A	F	I	S	E	C	A	E	O	I	A
I	R	A	E	I	C	B	S	T	E	E	I	L
N	E	E	T	C	C	N	S	A	T	L	S	I
I	C	O	T	L	O	I	R	S	P	D	L	S
A	T	E	T	P	S	D	E	S	O	O	R	T
C	A	M	S	E	E	M	T	N	E	N	E	A
O	C	E	R	E	L	A	E	I	T	O	E	U
T	R	I	E	E	O	N	R	S	O	E	M	O
M	I	S	P	O	P	T	F	B	E	E	S	N

ASTROLOGÍA PARA EMPRENDEDORES

Con la Luna en Capricornio, las cabras del zodíaco no se amedrentan con el trabajo duro, poniendo en juego muchas horas para asegurarse subir a la cima.

Siempre buscan una nueva montaña para subir o un próximo proyecto, entienden que el éxito viene a través de la autodisciplina y la responsabilidad. Metas realistas sellan el trato. Los empresarios con Luna en Capricornio son sobrios, serios, ambiciosos y muy trabajadores. Tienden a lograr posiciones de poder y rodearse de socios muy exitosos.

Poseen excelente desempeño financiero, con lo cual las oportunidades de inversión nunca serán un problema para ellos, haciendo cada vez más fuerte su ambición. Aprender a dejar el cinismo a un lado es uno de sus grandes desafíos.

¿CÓMO SON LOS NATIVOS CON LUNA EN CAPRICORNIO COMO CONSUMIDORES?

Con la Luna en Capricornio, los clientes son sumamente cautelosos con el manejo de su dinero. Suelen ser selectivos con sus compras, recopilan opiniones a través del análisis de los productos de otros consumidores.

Estos nativos son muy reservados con su información personal, no les gusta formar parte de ninguna base de datos. Además, muestran una mirada reticente y prudente frente a los cambios de marca y ante las importantes ofertas.

ASTROLOGÍA KÁRMICA

Con la Luna en Capricornio, una de las pruebas kármicas de estos nativos es comprender que el dinero no lo es todo en esta vida.

Deben recordar que el karma no es una sensación: si tocan el fuego, se quemarán. Esto no es un castigo, solamente es una consecuencia. Así es con toda retribución natural, Capricornio sufre porque tiene una lección que aprender.

Una gran oportunidad para desarrollar sus habilidades disciplinarias es enseñándoselas a los demás.

¿QUÉ CUENTO TE ESTÁS CONTANDO?

El arquetipo de la Luna en Capricornio está regido por el cuento *La sirenita*. ¿Lo recordamos juntos?

En el reino del pueblo del mar, en las profundidades del océano, había un lugar extraordinariamente hermoso, repleto de flores y plantas únicas. Allí mismo se encontraba el castillo del rey del mar, quien vivía feliz con sus hijas.

Las niñas pasaban sus días jugando entre ellas y cuidando del maravilloso jardín. Entre todas ellas, la más pequeña era la más especial, y si bien tenía grandes ojos azules, piel blanca y suave, también tenía cola de pez, como todas las demás sirenas del reino. Las hermanas tenían una abuela, experta en contar historias sobre seres humanos que fascinaban, sobre todo, a la más pequeña de la familia. También, les aseguró a sus nietas que, a medida que fueran cumpliendo los quince años podrían subir a la superficie para contemplar bosques, ciudades y todo lo que desde allí fueran encontrando. Mientras tanto, eso lo tenían completamente prohibido. La pequeña sirena, llamada Ariel, esperó ansiosa a que llegara su turno. Todos los días imaginaba cómo sería el mundo de la superficie. Cada vez que una de sus hermanas cumplía los quince años, al volver, Ariel oía atentamente las cosas que relataban de sus experiencias. Eso aumentaba sus ganas de que le llegara el momento de subir.

Finalmente cumplió los quince años y emprendió su nueva aventura. Salió del fondo del mar y se encontró con una embarcación en la que estaban celebrando una fiesta. La curiosidad pudo con ella y se acercó a espiar para ver qué sucedía. Entre la multitud, distinguió a un joven apuesto, que resultó ser un príncipe, y por quien quedó embelesada al observar su belleza.

De repente, estalló una tormenta feroz, un rayo cayó sobre el barco y lo partió en dos. Ariel, que presenció la terrible escena, se sumergió en las profundidades del mar en busca del príncipe para evitar que se ahogara. Logró encontrarlo, y llevarlo hasta una playa cercana.

Mientras esperaba a que su amado reaccionara, oyó voces que se acercaban. Decidió escapar y esconderse para que nadie la viera. Desde su escondite, pudo ver que el príncipe estaba vivo.

Ariel continuó subiendo a diario a la superficie. Su deseo era encontrar al príncipe pero no lo lograba. Cada día volvía más y más triste a su castillo. Hasta que se le ocurrió visitar a la bruja del mar, quien tenía poderes extraordinarios, para pedirle que la ayudara a convertirse en humana. Estaba tan enamorada del príncipe que no le importaba cambiar su vida completamente.

La bruja le preparó un brebaje que, tras beberlo, haría que le crecieran dos piernas, como los seres humanos. Pero a cambio, Ariel debería entregarle a ella su voz. Ante este pedido, la sirenita quedó dubitativa pensando en cómo enamoraría al príncipe sin poder hablarle. La hechicera insistió con el intercambio, de lo contrario el trato no se llevaría a cabo.

El trato también indicaba que Ariel nunca más podría volver al mar y que si el príncipe no se enamoraba de ella y se casaba con otra mujer, Ariel moriría. A pesar del susto, el trato fue aceptado.

Tras beberse la pócima, Ariel despertó en la orilla de la playa al día siguiente. Ahora sí veía que tenía dos piernas, la cola de sirena había desaparecido. En ese momento, pasó por allí el príncipe, quien la vio y le preguntó quién era y cómo había llegado hasta allí. La sirenita no pudo contestarle, no tenía voz. Sin embargo, el príncipe se la llevó a su castillo para darle asilo. Con el transcurso de los días se hicieron grandes amigos.

Pasó el tiempo y el príncipe conoció a la hija de un rey vecino. Decidió casarse con ella. Cuando Ariel se enteró de la noticia se llenó de tristeza, pero decidió estar a su lado acompañándolo porque era su amigo. Ella sabía que al día siguiente ya no viviría y se convertiría en espuma de mar.

Pero algo sucedió, mientras la sirenita contemplaba triste el horizonte. Vio aparecer a sus hermanas, todas con sus cabellos cortos. Habían hecho otro intercambio con la bruja: sus cabellos a cambio de un cuchillo mágico. Si Ariel mataba al príncipe, volvería a convertirse en sirena.

Sin embargo, la sirenita no pudo hacerlo. Estaba demasiado enamorada del príncipe como para matarlo. Así, se arrojó al mar. Comenzó a convertirse en espuma, al tiempo que conoció a unas criaturas espirituales: las hijas del aire. Estas le comunicaron que tendría otra oportunidad para volverse inmortal, si pasaba trescientos años haciendo el bien como ellas. Luego, podría volar al cielo.

Mientras escuchaba el nuevo trato, vio al príncipe en el barco, buscándola. Y fue en ese instante cuando la sirenita lloró por primera vez.

REFLEXIÓN

«No es posible que un mundo que hace tantas maravillas sea tan malo».

La sirenita es capaz de arriesgarlo todo por su objetivo, incluso realizar sacrificios. Esto acostumbran hacer las personas con Luna en Capricornio, ya que se focalizan en un solo blanco.

Los valores que se transmiten en este cuento tienen que ver con la ternura, el sacrificio y la entrega.

FAMOSOS CON LUNA EN CAPRICORNIO

- Brad Pitt
- Cher
- Andrés Calamaro
- Sergio «Kun» Agüero

♎ ♏ ♐ ♑ ♒ ♓

LUNA EN ACUARIO

«La Luna es una amiga para los solitarios, con la que se puede hablar».

CARL SANDBURG

- **Planeta regente:** Urano.
- **Canción:** *Luna* (2008), Zoé.
- **Poema:** *Media luna*, Federico García Lorca.
- **Diosa:** la humanitaria.
- **Palabras clave a tener en cuenta:** cambio, ansiedad, discontinuidad, innovación, fraternidad, excentricidad.
- **Máxima:** todo cambio comienza en tu mente.

ACUARIO

Acuario es el tercer y último signo del elemento aire. Es un signo positivo, fijo, masculino y está regido por el planeta Urano.

Las personas con esta Luna en su carta astral son originales, impredecibles e imprevisibles; nunca reaccionan como se espera. Suelen otorgarle mucha importancia a la amistad. Se muestran dinámicas, nerviosas y ansiosas.

Son personas innovadoras y reformistas. Les aburren las rutinas, los convencionalismos y los tradicionalismos. No se conforman con nada; nada es suficiente y carecen de prejuicios. No son fáciles de complacer y tienen caprichos con asiduidad. Desperdician sus energías controlando su marcado nerviosismo.

Poseen una intuición rápida y certera. Adoran y defienden su libertad y su propia independencia a capa y espada. Son personas que viven situaciones fuera de lo común. Lo insólito e inédito les suele pasar a estas personas. También lo repentino, sorpresivo e inesperado, lo que les provoca mucha tensión. Para ellas, toda emoción es una especie de atadura.

El círculo de protección que necesitan son sus amigos. Su seguridad proviene de sentirse orientadas al futuro. Viven aislándose en el utópico mundo abstracto de su mente, huyendo, así, de todo tipo de compromiso. Muestran más habilidad para resolver los problemas de otras personas que los suyos propios.

En el plano emocional, prefieren un amor donde reine la comunión de intereses espirituales e intelectuales.

Debido a su excentricidad son el blanco de las críticas, pero no deben inhibirse. Gracias a sus actitudes desafiantes e innovadoras, ayudan a otras personas a cambiar y a renunciar a situaciones insatisfactorias.

Son personas más intelectuales que sentimentales, a pesar de estar dotadas de un gran sentido humanitario.

En ellas predominan la fraternidad, la cooperación, la rigidez, la rebeldía y las contradicciones.

INFANCIA

Los niños con Luna en Acuario son independientes, autónomos, originales y diferentes desde pequeños.

Poseen un gran poder de inventiva que suele desconcertar al entorno. Para ellos, la amistad es lo primero.

FIGURA MATERNA

Los nativos con Luna en Acuario suelen indicar a una madre o persona cuidadora con ausencia de contacto emocional. Son madres independientes y desapegadas.

Estas personas pertenecen a una familia que ha cortado lazos con las tradiciones de sus antepasados. Es muy común en familia de inmigrantes, lo que les da una ausencia de contención.

Cuando de pequeños necesitaron sustento y cariño encontraron vacío y ausencia. Así se desconectan de sus emociones.

NECESIDADES ✓

Sus necesidades son cambiantes e inestables. Su manera de sentir y de expresar sus sentimientos es muy inusual y libre. No tienen prejuicios ni ataduras, lo que les permite ser auténticos. El desapego es su mayor virtud y su mayor defecto.

Necesitan continuamente un alivio a la presión nerviosa interior que, muchas veces, no los deja dormir. Esto los conduce a padecer insomnio, desvelos y despertares nocturnos.

Su necesidad de transformar su vida y de desprenderse de todo tipo de ataduras es muy fuerte.

¿QUÊ DEBEN DESARROLLAR?

NECESITAN APRENDER A PERDERLE EL MIEDO A LA INTIMIDAD Y SENTIRSE CÓMODOS CON LAS GRANDES DEMOSTRACIONES DE AFECTO.

INSTINTOS Y EMOCIONES

Los nativos con Luna en Acuario son personas poco convencio nales que no pueden seguir una rutina. Todo lo monótono les da sensación de ahogo.

Se desprenden fácilmente de viejos tabúes o tradiciones que los limitan. Tienen una gran capacidad inventiva y sobresalen por su estilo personal.

Estas personas deben aprender a desarrollar su individualismo sin que ello signifique aislamiento; y, también, a desarrollar su poder creativo para poder cambiar las estructuras asfixiantes que sienten que los rodean.

EMOCIONES CONSTRUCTIVAS

* Fraternidad
* Sorpresa
* Esperanza
* Anticipación

EMOCIONES DESTRUCTIVAS

* Agitación
* Desconsideración
* Inconformidad
* Incomprensión

EL HOGAR

La casa de las personas con Luna en Acuario puede ser lo más novedoso que se haya visto. Sus viviendas son únicas, decoradas con objetos de colores eléctricos, asociados a su signo. Muebles originales con artilugios de alta tecnología se encontrarán en su mundo hogareño.

Estos habitantes son personas visionarias y es conocida su pasión por las piezas futuristas. Mezclan el mobiliario moderno con el estilo retro.

Los imprescindibles en estos hogares son: *home theater*, tabletas, teléfonos móviles, domótica, focos led, acolchados de colores vivos.

SI TU LUNA ESTÁ EN ACUARIO Y TU SOL ESTÁ EN:

- ARIES: construye relaciones saludables.
- TAURO: empieza de nuevo y avanza.
- GÉMINIS: cuestiona tus pensamientos.
- CÁNCER: no justifiques tus temores.
- LEO: toma conciencia de tus comportamientos.
- VIRGO: no dejes que tus pensamientos te cieguen.
- LIBRA: la simplicidad te conduce a la claridad.
- ESCORPIO: cambia tu perspectiva.
- SAGITARIO: jerarquiza tus prioridades.
- CAPRICORNIO: si quieres un diez, tienes que trabajar como un diez.
- ACUARIO: no puedes controlarlo todo.
- PISCIS: respeta cada nuevo resultado.

MECANISMOS DE DEFENSA

Con la Luna en Acuario, estas personas son conocidas por su susceptibilidad, sobre todo cuando reciben críticas, ya que fácilmente se las puede herir. Les gusta mucho la vida social y sufren el miedo a ser rechazadas.

La disociación es su mecanismo de defensa; cuando se pierde huella de tiempo y se encuentra otra representación para transitar el momento de angustia. De esta manera, una persona que disocia, se «desconecta» del mundo real durante un tiempo y vive en otro diferente para no lidiar con los pensamientos, sentimientos o recuerdos que le provocan angustia. Son elementos negados.

ENCUENTRA TU PALABRA CLAVE

Observa esta sopa de letras con características propias de Acuario. La primera palabra que descubras es tu palabra clave.

C	E	R	E	B	R	A	L	N	O	I	A	S
E	X	C	É	N	T	R	I	C	A	A	T	A
T	S	E	O	M	A	S	S	M	É	R	A	V
R	N	U	C	R	E	T	L	S	E	I	R	O
E	S	R	A	D	I	G	E	B	E	D	I	A
T	M	B	M	I	E	G	C	A	T	S	T	S
R	A	N	B	S	N	E	I	T	T	S	O	S
E	H	M	I	T	O	O	C	N	I	S	É	E
N	N	L	A	A	E	R	S	R	A	C	S	I
F	R	S	N	N	L	I	U	É	A	L	M	S
T	O	N	T	T	T	T	O	E	E	T	O	E
P	C	M	E	E	U	T	T	B	I	C	A	B
I	J	P	I	F	N	R	A	X	E	N	L	D

ASTROLOGÍA PARA EMPRENDEDORES

Con la Luna en Acuario, estos nativos poseen una perspectiva orientada al largo plazo, manifestando un intelecto voraz con ideas innovadoras. Ellos encuentran una solución que sea lo más justa posible para todos. Sus principales enfoques se relacionan con problemas humanitarios, desequilibrio medioambiental o injusticia social.

El altruismo es su gran fortaleza, siempre buscan el bien para otros de manera desinteresada. Su debilidad, y en lo que deben trabajar, es la separación.

¿CÓMO SON LOS NATIVOS CON LUNA EN ACUARIO COMO CONSUMIDORES? $

Con la Luna en Acuario, son compradores virtuales; en otras palabras, prefieren comprar con la modalidad por internet. Están interesados en recibir ofertas a través de redes sociales.

Prefieren este sistema por la interactividad del mismo, la facilidad y la comodidad que les genera. Además, cuentan con la ventaja de poder comprar el artículo en el momento, sin tener que esperar, lo que les evitar sentir ansiedad y excitación.

ASTROLOGÍA KÁRMICA

Con la Luna en Acuario, estos nativos evitan atarse al romance y a todo tipo de vínculo personal. Se enfocan mucho en lo que quieren en su vida y hacen todo para lograrlo. Con esta posición en la carta astral, estas personas le dan una oportunidad a lo diferente. Intentan superar el cerco autoimpuesto al amor.

Deben recordar que la aceptación de las pruebas que les impone la vida acelera su crecimiento personal.

¿QUÊ CUENTO TE ESTÁS CONTANDO?

El arquetipo de la Luna en Acuario está regido por el cuento *Moana*. ¿Lo recordamos juntos?

Esta historia transcurre en la bella isla de Motunui, donde vivía Moana con su familia. Su padre era el jefe Tui y su mayor preocupación era que su pueblo se sintiera seguro y feliz.

Un día, la abuela de Moana, llamada Tala, reunió a los niños de la aldea para contarles una historia de suspense. Moana fue la única que no se asustó y quedó fascinada con ella:

—Una vez existió una isla que era en realidad la diosa Te Fiti, de cuyo corazón brotaba la vida. Pero el semidiós Maui, celoso de su poder, se llevó su corazón y huyó. Entonces, el demonio Te Ka atacó a Maui y, en medio de la lucha, su corazón se perdió en el mar.

Más tarde, Moana, jugando en la playa, se encontró, de repente, rodeada por una pared de agua. En ella vio flotando una piedra con una espiral y la agarró. Entonces, el mar condujo a Moana hasta la orilla junto a sus padres. Los tres se fundieron en un abrazo, al tiempo que la niña dejó caer sin querer la piedra. En esos momentos, la abuela Tala la divisó, la tomó y la insertó en su collar. Allí fue cuando se dio cuenta de lo que era ¡el corazón de Te Fiti!

Al día siguiente, abuela y nieta fueron a una cueva secreta llena de barcos. Allí, Tala le contó a Moana que cuando Maui robó el corazón de Te Fiti, los mares fueron invadidos por monstruos y tinieblas. Debido a ello, los jefes les prohibieron navegar a todos.

La abuela mostró su collar a Moana y le dijo:

—Para que la oscuridad no llegue a la isla, debes encontrar a Maui y lograr que devuelva el corazón a Te Fiti — dijo mientras le daba la piedra a la niña.

Pasaron unos días y Tala enfermó. Con sus últimas fuerzas, le repitió el pedido a Moana, para evitar que la isla quedara en penumbras. La niña volvió a la cueva, tomó una barca y se lanzó al mar. Allí la sorprendió una terrible tormenta y naufragó en una isla misteriosa. Allí se encontraba Maui. Este semidiós no tenía intención de devolverle el corazón a Te Fiti, solo quería encontrar su anzuelo mágico. Cuando vio a Moana, la encerró en una cueva y le robó la barca. Pero ella logró escapar, zambullirse en el mar y llegar hasta la barca.

Ambos fueron atacados por los kakamora, unas pequeñas criaturas con armaduras de coco. Juntos lograron vencerlos y fue ahí cuando Maui aceptó la petición de Moana de devolver el corazón a Te Fiti. Sin embargo, antes le pidió ayuda a la niña para recuperar su anzuelo, el cual estaba en poder de Tamatoa, un cangrejo gigante que vivía en Lalotai, el reino de los monstruos.

Cuando llegaron allí, encontraron el anzuelo. Cuando Moana se dispuso a tomarlo, apareció el cangrejo para impedirlo. Entonces la niña lo distrajo mientras Maui se ocupaba de tomar el anzuelo. Ambos pudieron escapar de allí. Y Maui, gracias al anzuelo, se convirtió en halcón. Emprendieron el viaje hacia la isla de Te Fiti, pero en el camino apareció Te Ka. Este demonio atacó a Maui, lo hizo caer y recuperar su forma humana. Moana lo rescató y se dirigieron de nuevo hacia la isla.

Cuando estaban de nuevo en su barca, Te Ka siguió atacándolos. El demonio rompió el anzuelo de Maui. Este, furioso, logró alejar a Te Ka, pero se convirtió de nuevo en halcón y se marchó volando. Moana, llorando, le habló al océano contándole su fracaso:

—Tendrás que buscar a otra persona —dijo derrotada y lanzó el corazón de Te Fiti al agua.

En este momento, apareció el espíritu de Tala, quien le recordó que era ella la que debía culminar la misión y devolver el corazón. Al instante, Moana reaccionó, supo lo que debía hacer y se lanzó al mar en busca del corazón de Te Fiti.

Encontró el corazón, volvió a la barca y se encaminó nuevamente hacia la isla. Te Ka volvió a atacarla, esta vez lanzándole llamaradas de fuego. Y ahí fue que apareció Maui, convertido en halcón, para ayudarla.

Moana llegó a Te Fiti, mientras Maui seguía enfrentándose a Te Ka. La niña vio que no había isla alguna, sino solo un cráter vacío, entonces comenzó a tararear la canción de sus ancestros. En ese instante, Te Ka se paralizó ante ella. De pronto, el monstruo ya no le infundía terror.

La niña apoyó la frente contra la de Te Ka y le devolvió el corazón. El demonio cambió su forma y pasó a convertirse en Te Fiti, quien abrió su mano y mostró el anzuelo, ya reparado, de Maui. ¡Y la vida volvió a la isla!

Los nuevos amigos se despidieron. Maui, convertido en halcón, emprendió el vuelo y Moana regresó a su hogar, Motunui. Ahora, la niña tenía la certeza de que se había convertido en una exploradora del océano destinada a guiar a su pueblo.

REFLEXIÓN

«Nadie te cambiará, eres tú quien lo hará».

Las personas con la Luna natal en el signo de Acuario creen fuertemente en sí mismas y no se dan nunca por vencidas: si se caen, se levantan, así de sencillo.

Siempre hay que luchar por lo que se desea, con los valores que se muestran en el cuento: unión, tolerancia y apertura.

FAMOSOS CON LUNA EN ACUARIO

- Lady Di
- Marilyn Monroe

♎ ♏ ♐ ♑ ♒ ♓

LUNA EN PISCIS

«Medita. Vive puramente. Sé calmado.
Haz tu trabajo con maestría.
Como la Luna, que sale detrás de
las nubes. Brilla».

BUDA

- **Planeta regente:** Neptuno.
- **Canción:** *Hijo de la luna* (1986), Mecano.
- **Poema:** *La fuga de la luna*, Oscar Wilde.
- **Diosa:** la servicial.
- **Palabras clave a tener en cuenta:** intuición, inestabilidad, ambigüedades, dudas, diversidad, empatía.
- **Máxima:** evitar los arrebatos emocionales.

PISCIS

Piscis es el tercer y último signo del elemento agua. Es de modalidad mutable, negativo, femenino y lo rige el planeta Neptuno.

Las personas con la Luna en el signo de Piscis son sumamente influenciables. Con un mundo interior muy rico y complejo a la vez. Suelen mostrar una cierta pasividad frente a lo que ocurre en su exterior. Necesitan dar y recibir amor, son personas hipersensibles y fantasiosas.

En muchas ocasiones son perezosas, desorganizadas y tienen poca voluntad, pero hay que destacar que son personas muy hospitalarias y ayudan a quienes más lo necesitan, porque poseen la habilidad de comprender los sentimientos de los demás, debido a su desarrollada percepción.

Son personas que sueñan con los ojos abiertos, muchas veces ni siquiera sus pies tocan el suelo. Poseen facultades extrasensoriales y son terriblemente supersticiosas.

Dispersas, inconstantes y distraídas, a su vez, son románticas, indecisas, vulnerables y creativas. Les gusta contemplar la vida de una forma más emocional que material. Disfrutan de los secretos y los misterios. Las personas nacidas con esta Luna manifiestan una cierta sutileza en el acercamiento hacia los demás.

En ellas predominan la hospitalidad, el misticismo, la inestabilidad, la idealización y la confusión.

INFANCIA

Los niños con Luna en Piscis son personas muy sensibles y cariñosas que requieren y demandan constantes muestras de afecto. Se suelen refugiar en un mundo de ensueños y fantasía. Les encanta leer cuentos y que les relaten historias.

Son muy compasivos. Tiene un amor destacado por la música. Son personas muy receptivas de todo lo que sucede a su alrededor y pueden llegar a cargarse de energía negativa cuando presencian peleas o situaciones angustiantes.

También es probable que sean miedosos, que padezcan terrores nocturnos o pesadillas en los que quieren escapar de las situaciones que los asustan.

FIGURA MATERNA

Los nativos de esta Luna suelen indicar a una madre o persona cuidadora muy protectora, sacrificada y afectuosa.

Quizás madre e hijo formen un vínculo simbiótico, viviendo en un mundo idílico. Deberán aprender a poner límites.

NECESIDADES

Sus necesidades no encajan en el mundo racional. Se sensibilizan fácilmente y frente a situaciones difíciles caen en el rol de víctima y necesitan de la ayuda de otras personas para salir adelante. Se muestran evasivos y temerosos ante los conflictos. La clave es que no se tomen tan en serio las respuestas que reciban.

La mayoría de las veces, no ven a los demás tal y como son debido a su gran imaginación. Tienen un sentido humanitario muy desarrollado y reaccionan frente al dolor de los demás con actitudes compasivas, protectoras y desinteresadas.

Su capacidad de entrega es muy grande. Existe en su interior una fuerte necesidad de encontrar amparo y protección.

¿QUÉ DEBEN DESARROLLAR?

TIENEN QUE EVITAR AISLARSE CADA VEZ QUE SE ENFRENTAN A ALGÚN PROBLEMA.

INSTINTOS Y EMOCIONES

Los nacidos con la Luna en Piscis necesitan dar rienda suelta a su ilimitada capacidad afectiva. Son más idealistas que prácticos.

Caen con facilidad en la fascinación de ser seducidos y seducir. Poseen facultades psíquicas que les permiten tener intuiciones acertadas o recibir mensajes a través de sueños premonitorios.

Los juegos de ilusión-desilusión y de idealización-decepción son habituales en sus vidas.

EMOCIONES CONSTRUCTIVAS

* Serenidad
* Fascinación
* Fluidez
* Pureza

EMOCIONES DESTRUCTIVAS

* Indefensión
* Desencanto
* Dispersión
* Confusión

EL HOGAR

La casa de las personas con la Luna en Piscis suele ser muy cómoda. Estos nativos emplean su fértil imaginación también en su hogar. La decoración playera y marina es su preferida. Su estilo es ideal para relajarse. La atmósfera es suave y cálida.

También alternan con objetos rústicos y hasta góticos, como, por ejemplo, candelabros. La decoración del baño es su prioridad.

Los imprescindibles en estos hogares son: pecera, música, caracoles, estrellas de mar, cortinas de *voile*, objetos de color celeste.

SI TU LUNA ESTÁ EN PISCIS Y TU SOL ESTÁ EN:

* ARIES: no te expongas innecesariamente.
* TAURO: agarra el toro por los cuernos.
* GÊMINIS: no dejes todo para el último momento.
* CÂNCER: ni muy cerca ni tan lejos.
* LEO: cree en ti.
* VIRGO: crea tus propios proyectos personales.
* LIBRA: las idas y venidas no te ayudan a crecer.
* ESCORPIO: lo perfecto es imposible.
* SAGITARIO: arriesga para avanzar.
* CAPRICORNIO: la realidad muchas veces no se adapta a tus cálculos.
* ACUARIO: sobredosis de intensidad.
* PISCIS: sigue una línea de conducta.

MECANISMOS DE DEFENSA

Con la Luna en Piscis, al ser personas sumamente sensibles, sufren mucho ante la angustia.

En estos momentos, ellas prefieren evadirse de la realidad, ya que como peces que son suelen ser resbaladizas y escurridizas. No les gusta acatar reglas y evitan todo tipo de culpa.

Su mecanismo de defensa es el aislamiento. Tienen la habilidad de transformarse poniéndose inaccesibles e invisibles ante quienes no desean. Se esconden físicamente o se retiran mentalmente de la situación que están viviendo con su nutrida imaginación.

Esta reacción puede traer como consecuencia una actitud antisocial.

ENCUENTRA TU PALABRA CLAVE

Observa esta sopa de letras con características propias de Piscis. La primera palabra que descubras es tu palabra clave.

I	D	A	U	Q	E	S	E	T	B	U	E	A
A	A	H	I	E	V	A	S	I	V	A	L	A
A	I	S	S	E	N	S	I	B	L	E	C	E
L	O	O	A	E	T	U	N	T	J	A	A	U
M	D	Ñ	O	S	R	N	D	Z	T	V	N	A
N	S	A	S	E	O	M	O	A	I	O	I	U
S	U	D	R	T	M	Á	A	T	N	M	S	I
A	E	O	E	E	Á	P	I	S	Ñ	S	I	U
I	R	R	A	C	N	U	Á	S	A	E	A	N
N	E	A	E	P	T	O	C	T	E	A	A	T
M	I	A	N	N	I	S	N	S	I	S	I	T
V	A	D	I	E	C	B	I	D	A	C	A	T
C	A	A	M	A	A	Á	G	F	A	I	A	O

ASTROLOGÍA PARA EMPRENDEDORES

Con la Luna en Piscis, estos nativos tienen una descomunal apreciación global de la vida y, junto con su sensibilidad y naturaleza empática, logran sus metas. Poseen una imaginación fecunda y creativa, mezclando sus mundos de fantasía con la realidad.

Entienden el menguante flujo de los negocios. El planeta regente de Piscis, Neptuno, los hace capaces de interpretar símbolos y gestos. Tienen una gran fortaleza en la intuición, pero a su vez, pueden volcarse en la evasión, deberán aprender a no caer en esta debilidad.

Sus emprendimientos artísticos predilectos pueden incluir cinematografía, fotografía y teatro. Suelen supervisar las situaciones, no involucrándose demasiado en los resultados, ya sean de pérdida o de ganancia.

¿CÓMO SON LOS NATIVOS CON LUNA EN PISCIS COMO CONSUMIDORES?

Con la Luna en Piscis, estas personas son consumidoras que dedican mucho tiempo a investigar y preparar sus compras. Suelen estar más interesadas en la calidad que en el precio, consumen únicamente para mejorar su calidad de vida.

Prefieren adquirir productos cuya imagen publicitaria esté personificada para poder atribuirles rasgos de personalidad. Estos nativos intentan describirse a sí mismos con base en sus productos de preferencia.

ASTROLOGÍA KÂRMICA

Con la Luna en Piscis, la lección kármica de estas personas es aprender a estar solas y afrontar los problemas con coherencia y afición.

En reiteradas oportunidades, estos nativos se preocupan innecesariamente y hacen toda una calamidad por problemas triviales. Suelen escapar de la realidad. Deben seguir más sus instintos.

¿QUÉ CUENTO TE ESTÁS CONTANDO?

El arquetipo de la Luna en Piscis está regido por el cuento *La bella durmiente*. ¿Lo recordamos juntos?

La historia cuenta que un rey y una reina ansiaban tener hijos. Pasado un año de rezos y deseos, la reina dio a luz a una bella princesita.

La pareja estaba tan feliz con este nacimiento que decidieron celebrar una fiesta en su honor. Invitaron a todo el reino, incluso a las hadas, para que dotaran a la niña de grandes virtudes. Como las hadas eran trece pero en el castillo solo tenían doce platos de oro, una de ellas no fue invitada.

Cuando terminó el banquete cada una de las hadas fue acercándose a la princesita para otorgarle el don correspondiente. Así, la niña fue recibiendo: virtud, belleza, riqueza, inteligencia…

De repente, y antes de recibir el último don, el hada que no había sido invitada irrumpió en la sala y arrojó una maldición a la niña: cuando la princesa cumpliera sus quince años, se pincharía un dedo con una rueca y moriría. Tras decir esto, desapareció.

Todos los asistentes se quedaron atónitos y con la boca abierta. Aún quedaba un hada con un don para otorgar. Sin embargo, no tenía tanto poder como para anular la maldición. Así y todo lo intentó y dijo:

—No morirás, pero dormirás durante cien años.

Los reyes mandaron destruir todas las ruecas del reino, pensando que así evitarían que se cumpliera la maldición.

La princesa fue creciendo y manifestando todos sus dones recibidos en aquella fiesta. Todo aquel que la conocía, se enamoraba de ella. Era hermosa, humilde, inteligente…

Cuando llegó el día de su décimo quinto cumpleaños, los reyes no se encontraban en el palacio. La princesa, aburrida, decidió dar un paseo y recorrer todo el castillo. En una de las torres encontró a una viejecita hilando. A la niña le llamó tanto la atención ese instrumento, que se acercó demasiado para observarlo y se pinchó. Al instante se cumplió la maldición y la princesa se sumergió en un profundo sueño.

No solo ella, sino que toda la corte y todos los habitantes del palacio entraron en la maldición y se quedaron dormidos, inexplicablemente: los reyes, los animales, las sirvientas, los cocineros… hasta el fuego de la cocina se quedó dormido.

Así, mientras en el interior del castillo todo dormía, en el exterior todo se cubrió de bellas rosas. El castillo quedó cubierto de flores. Así fue que la princesa empezó a ser conocida como Rosa Silvestre.

Los años fueron pasando. Muchos príncipes intentaron atravesar las plantas para llegar a la princesa, pero les resultaba imposible lograrlo. Hasta que un día llegó el hijo de otro rey, también movido por el deseo de llegar a la princesa. Esta vez, como ya casi habían transcurrido los cien años, el rosal permitió la entrada del príncipe. Este pudo encontrar a la princesa. Se enamoró al instante. Quedó hechizado por su belleza. Se acercó y le dio un pequeño beso. Apenas sucedió esto, la princesa abrió sus ojos. También fueron despertando todas las demás personas del palacio, una tras otra, así como los animales y hasta el mismo fuego.

El castillo recuperó su esplendor y alegría. La princesa también se enamoró del príncipe y en ese ambiente de felicidad, celebraron su boda. El hechizo formaba parte del pasado y fueron felices para siempre.

REFLEXIÓN

«Dicen que cuando tienes el mismo sueño más de una vez, se convierte en realidad».

La princesa protagonista le entrega sus fuerzas a los demás, adoptando una actitud de espera y, a su vez, de dependencia afectiva. Ser ausente, estar anestesiado, adormecido, con falta de voluntad, guía a una especie de parálisis que conlleva, a su vez, a una eterna espera.

Este cuento invita a aprender a amortiguar la propia desprotección poniendo de manifiesto la importancia de saber esperar.

FAMOSOS CON LUNA EN PISCIS

- Hillary Clinton
- Frank Sinatra

CONSEJOS ASTROLÓGICOS PARA ARMONIZAR TU HOGAR

EL BAÑO

El agua representa ni más ni menos que el dinero, y es también nuestra principal energía vital, su mayor pérdida se produce en el baño, debido a la cantidad de desagües. Este es el espacio del hogar que puede causar problemas económicos, ya que el agua se va por las cañerías todos los días. Apenas exista alguna gotera o pérdida mínima de agua, debe ser reparada de inmediato. Es importante cuidar el espacio dedicado a limpiar y purificar el cuerpo.

En el caso del inodoro, su mecanismo de limpieza crea una fuerte succión que tira la energía de manera descendente y fuera de la vivienda, por lo que es considerado algo bastante perjudicial. Una forma de minimizar la pérdida de la energía del dinero es mantener la tapa del asiento siempre bajada.

La puerta debe mantenerse cerrada. Y con respecto a los espejos, son elementos muy recomendados, y hasta necesarios, ya que permiten una mayor circulación de energía. Sin embargo, para evitar multiplicar la energía negativa, es importante asegurarse de que en el espejo no se refleje el inodoro o, por lo menos, que no se vean los cuerpos enteros cuando estén en uso; eso ya es de gran ayuda.

La luz y el aire son elementos beneficiosos para este espacio, son energías saludables que entran en el hogar. Agregar elementos con tierra equilibra también tanta salida de agua; pintar las paredes en tonos marrones o verdosos (o guardas dentro de esta gama de colores) también es bienvenido.

Estos colores, como también el bronce y el amarillo, son indispensables para crear un equilibrio en esta parte de la casa. Pueden estar en adornos, cuadros, paredes, toallas, alfombras, accesorios. La terapia de color es otra buena opción para visualizar la iluminación en diferentes colores a través de un sistema de luces led.

Todas estas recomendaciones colaboran a que la energía circule positivamente, el orden y la organización deben reinar en un espacio pequeño dentro del hogar. ¿Qué existió primero: una casa desordenada o una mente desordenada? Mantener este lugar ordenado favorece a la mente. Por último, pero no menos importante, limpiar y perfumar el ambiente con jabones y aromatizantes específicos le dará un toque especial.

#EXTRATIP:

- Los objetos que no se usan estancan las energías, no guardar cosas que no se utilizan desde hace tiempo; regalarlas, venderlas o tirarlas.
- Recordar que en los espacios ordenados la energía fluye.

Al ser una de las habitaciones más privadas dentro de la casa, su diseño y decoración pueden afectar la calidad del sueño y del descanso, entre otras cuestiones.

Se debe tener en cuenta la posición de la cama. El lugar ideal para colocarla es aquel que permita ver la puerta de la habitación. Con el solo hecho de tener vista hacia la puerta se obtiene un sentido de seguridad mientras se descansa. Además, es un factor que conduce a la relajación y a lograr un sueño profundo.

El pie de la cama no debe estar justo dentro de las dimensiones de la puerta. Y en el caso de la cabecera, es mejor que esté contra una pared, en lugar de estar bajo una ventana o que haya espacio entre la cabecera y la pared.

Si dos personas duermen en la misma cama, debe haber idéntico espacio en ambos lados de esta para que las dos puedan bajar y subir con facilidad. Finalmente, una cama no debe posicionarse bajo una viga estructural o decorativa.

Como en todos los ambientes, el orden en el dormitorio tampoco es la excepción. El desorden puede bloquear la energía, perturbar el sueño e impedir progresar en la vida. Es recomendable no utilizar el espacio debajo de la cama como espacio de almacenaje.

Con respecto a los espejos, en el caso de que haya uno en el dormitorio se debe prestar mucha atención a lo que refleja. Si el descanso no es bueno, este elemento puede ser el culpable. Evitar colocarlo en la pared sobre la cama y a cada lado de la misma. También eludir colgarlo en la pared opuesta a la cama, ya que promueve la intrusión de un/a tercero/a y puede animar a la infidelidad. Si esta es la única disposición posible dentro del dormitorio, una sugerencia es cubrirlo con un paño durante el descanso.

La elección de los colores que se usen para pintar o decorar es importante también. Los colores cálidos, como crema, *nude*, *beige*, melocotón, coral y rosa pálido relajan; los azules, verdes y lavandas favorecen el sueño. Lo recomendable es que haya un equilibrio entre ambos grupos.

Sobre la ventilación, es recomendable abrir las ventanas todos los días para purificar el aire y que la habitación se llene de oxígeno. Aunque se debe prestar atención a la calidad del aire que ingresa: si tiene mucha cantidad de *smog* o contaminantes, ventilar un tiempo limitado.

Por otro lado, la luz es nuestro nutriente primordial y una de las manifestaciones más fuertes de energía. El ambiente tiene que tener la iluminación apropiada, es decir, ni mucha ni poca. Se pueden agregar velas hechas con elementos naturales.

Al igual que la elección de los colores, las imágenes que se utilizan para decorar son muy importantes, ya que llevan una poderosa energía; elegir aquellas que reflejen momentos de felicidad o que transmitan buena energía. En este ambiente es mejor evitar tener imágenes con agua (ríos, cascadas, mar) como tema dominante.

#EXTRATIP:

- El vestidor también debe estar ordenado y cerrado.
- La puerta del dormitorio, por la noche, debe permanecer cerrada. Si es una habitación en suite, cerrar también la puerta del baño.
- No apilar libros en cómodas o mesas de luz.
- No colocar plantas.
- Comprobar que cada artículo que haya refleje amor, curación, felicidad y relajación.

Asimismo, prestarle especial atención al objeto que se coloca en la pared opuesta a la cama, ya que es lo primero que se ve al despertar y lo último a la hora de dormir.

EL SALÓN

¿Cómo conservar e incorporar la energía positiva en el hogar en cuatro acciones? Limpiar, ordenar, iluminar y ventilar.

El salón es el lugar ideal para agasajar invitados y darles la bienvenida haciéndolos sentir relajados y cómodos.

La armonía en esta habitación es sumamente importante, ya que se puede utilizar allí el tiempo libre, ya sea leyendo un libro, escuchando música, recibiendo invitados, tocando un instrumento musical, haciendo la sobremesa tomando algo o simplemente divirtiéndose con juegos de mesa.

Las pinturas y/o fotografías ideales para este ambiente son las imágenes del sol, agua o montañas, ya que transmiten esperanza. Los retratos o fotos de personas con rostros serenos y sonrientes que animan a tener emociones positivas. Las figuras de niños, ya sea en pinturas o en esculturas, representan creatividad.

La mayoría de la vegetación tiene una influencia positiva siempre y cuando no esté seca ni marchita. Los cactus y las plantas con hojas afiladas y puntiagudas mejor dejarlas fuera de la casa. Es aconsejable que no sean de plástico o artificiales. Las flores traen frescura al ambiente.

Las sillas o sillones deben estar ubicados con sus respaldos en aquellas paredes que no tengan ni puertas ni ventanas. Y en el caso de las chimeneas, el fuego siempre crea calidez en este ambiente y es recomendable.

Al igual que el resto de los ambientes del hogar, en el salón la iluminación también es importante. Pero deben usarse distintos tipos, sobre todo si se usa esta sala para varios propósitos. Utilizar más luminosidad para las actividades en familia e incorporar luz más tenue con lámparas de pie para alumbrar en esquinas oscuras.

Los adornos que no pueden faltar son:

- ELEFANTE: tiene que tener la trompa hacia arriba, ya que atrae éxito material;
- CABALLO: simboliza el elemento fuego, brindando actividad y libertad;
- DRAGÓN: emblema de poder e inmortalidad que atrae la prosperidad;
- BUDA: una escultura de un buda sabio y sonriente inspirará felicidad y buena fortuna;
- *GANESHA*: esta deidad representa la destrucción de los obstáculos;
- *LAKSHMI*: diosa de la riqueza y la prosperidad;
- *GHANA*: deidad africana que simboliza fertilidad.

#EXTRATIP:

- Demasiados muebles estancan la energía del lugar. Esta habitación debe reservarse para la relajación, conversación e interacción con los demás.

El salón debe reunir los cuatro elementos astrológicos para lograr un equilibrio energético: fuego, a través de velas aromáticas; agua, con fuente de agua o florero con flores naturales; tierra, con plantas; aire, con ventilación natural en el ambiente.

Este es el lugar preferido de la energía lunar, además de ser un ambiente donde se deben reunir los cuatro elementos del zodíaco: fuego: horno y fogones; tierra: macetas con plantas aromáticas; aire: ventilación; agua: canillas, heladera, lavavajillas, ya que es el corazón del hogar y uno de los más importantes para crear riqueza y prosperidad.

La cocina debe ser un lugar que invite a estar en ella. Cálida y acogedora son sus características ideales. Este ambiente debe reflejar la esencia de la persona, por este motivo hay que hacer hincapié en la personalización.

El horno y los fogones deben mantenerse en buen estado de funcionamiento, ya que influyen mágicamente en las finanzas y junto con el fuego atraen la energía de la prosperidad. Es recomendable utilizar todos los fogones y no uno en particular. Siempre deben estar limpios. Aumentar la cantidad de fogones reflejándolos en un espejo o una placa de acero inoxidable en la pared por detrás de ellos, a noventa grados, incrementará la prosperidad económica.

Evitar que haya goteo de agua en el grifo o en el congelador porque esta pérdida de líquido afecta el flujo del dinero. Controlar las reacciones emocionales, sobre todo las que conducen al llanto, por lo menos en la cocina.

La cocina debe estar bien ventilada, preferiblemente a través de una ventana. Al igual que el dormitorio, la cocina es otra habitación que tiende a acumular basura y desorden. Los armarios, despensas y alacenas deben mantenerse limpios y ordenados. El desorden contribuye a generar obstáculos financieros y problemas de liquidez. Asegurarse de que tanto las puertas del mobiliario de cocina como sus cajones se abran y se cierren correctamente creando una fluidez de la energía lunar.

Crear la ilusión del espacio. Si la cocina no es amplia, añadir iluminación apropiada, de tal forma que permita ser visualizada con mayor amplitud. Los espejos también ayudan en este punto.

#EXTRATIP:

- Las cacerolas y sartenes de cobre atraen energía positiva.
- Una maceta con hierbas aromáticas trae prosperidad y bienestar.
- No colocar la pica del fregadero al lado del horno ni de los fogones de la cocina. El agua extingue el fuego, que es la energía que trae abundancia financiera.
- Mantener siempre cerradas las puertas de las despensas y alacenas.
- No dejar escobas a la vista.
- No dejar platos sucios acumulados.
- No colgar el paño de cocina en las llaves del horno.

ÍNDICE

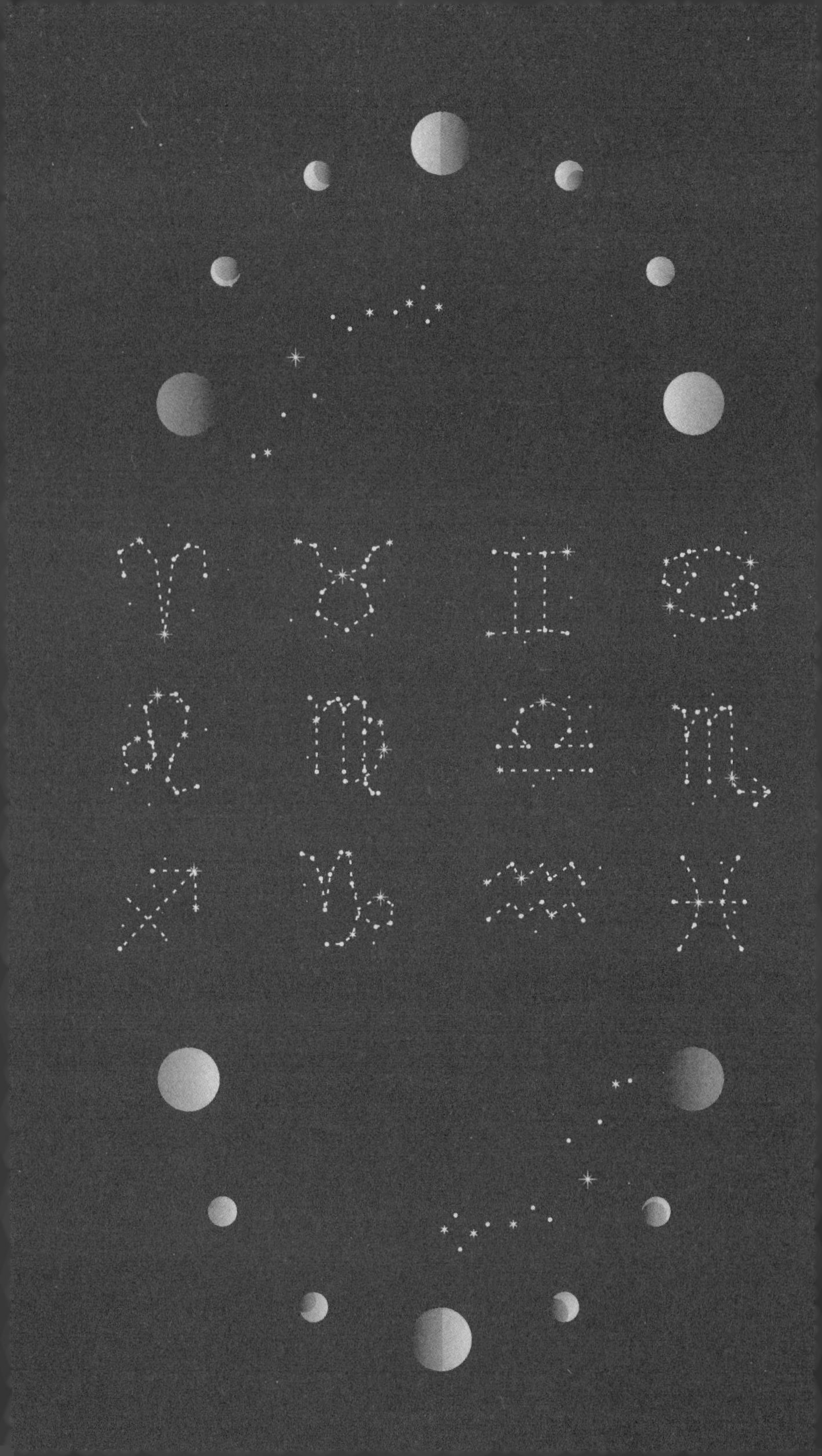

BIBLIOGRAFÍA

- ALPHERAT (1979). *Tratado de astrología*. Editorial Kier.
- DUMÓN, ELOY RICARDO (2019). *Manual de astrología moderna*. Editorial Kier.
- DUMÓN, ELOY RICARDO (2020). *Astrología predictiva*. Editorial Kier.
- HADES (1975). *El universo de la astrología*. Plaza & Janés.
- HALBRONN, JACQUES (1981). *Las claves de la astrología*. Editorial Edaf.
- RIGHTER, CARROLL (1970). *La astrología y usted*. Press Service.
- WEISS, ADOLFO (1973). *Astrología racional*. Editorial Kier.

AGRADECIMIENTOS

* A mis tres amores, **Gastón, Gonzalo** y **Lorenzo,** los tres con Luna en Sagitario, por enseñarme con optimismo que todo es posible, siempre.
* A mis **ancestros,** en especial a **Nicola** (Luna en Libra) y a **Natividad** (Luna en Virgo), por aportarme la nutrición emocional que necesité.
* A **Ediciones Urano,** por la confianza y el apoyo brindado una vez más.
* A todos mis **consultantes y lectores**, quienes a través de sus experiencias me enriquecen a diario y me dan la posibilidad de ejercer la profesión que tanto amo.
* Al **Universo** y a la **Vida.**
* A **Dios,** como siempre, mi eterno agradecimiento.

♈ ♉ ♊ ♋ ♌ ♍

♎ ♏ ♐ ♑ ♒ ♓

ACERCA DE LA AUTORA

NATALIA PORRO es técnica en Astrología, graduada con mención especial por el Centro Astrológico de Buenos Aires, numeróloga y terapeuta floral del sistema del Dr. Bach.

Es autora del libro *Los doce soles* (2021) y desde el año 2012 se desarrolla como columnista en diferentes medios gráficos. También es asesora de empresas y consultoras, dicta conferencias, imparte clases personalizadas y grupales, y atiende en su consultorio en la ciudad de Buenos Aires de manera presencial y virtual.

Para más información, consulta su página web:
www.astrocoach.com.ar

Natalia_Porro
Natalia Porro
Natalia_Porro